2026 유튜버 씬디
전체무료강의 제공되는

치과보험청구사

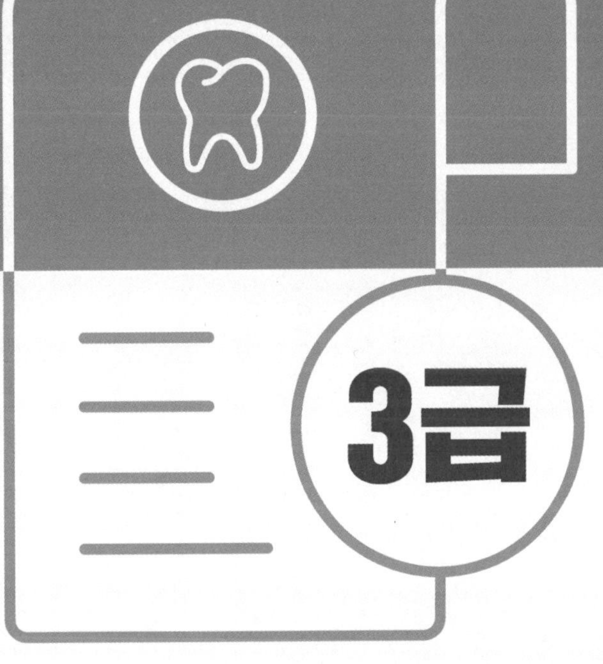

저자 **씬디**

3급

실무이론+실전모의고사 끝장대비서

핵심이론부터 모의고사 5회차 구성!! 한 권으로 치과보험청구사 3급 시험대비

이 책의 소개

저자 소개

- 동남보건대학교 졸업
- 유튜브 씬나는디 씬디 운영중
- 덴탈핏, 치즈톡 파트너 강사
- 치과보험청구사 1급 보유
- 제 46회, 제 64회 치과보험청구사 2급 차석

저자 인사말

안녕하세요~ 씬디입니다!

영상 편집을 공부하며 유튜브에 올리던 영상이 저에게 기회의 장이 되었습니다!
이렇게 책까지 집필하게 되었습니다.

저에 대한 수많은 후기는 네이버에 "씬나는 디 씬디"를 검색해 주세요!!
이 책을 집필하면서 7번의 스터디를 진행했는데, 그때마다 수강생분들의 궁금하신 부분이 같더라고요~

☑ 비전공자도 쉽게 공부하실 수 있게!
☑ 전공자도 많은 시간을 투자하지 않더라도!

이 2가지 포인트에 집중하여 책을 구성하였습니다.

1권으로 7일 만에 벼락치기하셔도 합격하실 수 있도록 책 내용을 신경 썼습니다.

합격을 기원합니다!

저자 씬디

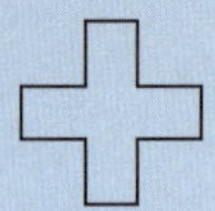

이 책의 목차

실전 모의고사

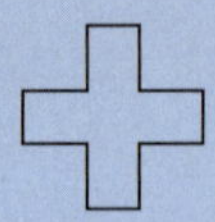

이 책의 목차

치과보험청구사 3급

실무이론 & 예상문제

I. 치과 건강보험 청구의 기본

Section 1. 진료비의 구성항목

진찰료	초, 재진료+외래 관리료
행위료	각종 진료 행위에 정해진 수가 (예 발수, 즉일 충전 처치, 발치, 치석제거 등….)
약제료(가산 X)	진료 행위에 사용된 약제의 수가 (예 리도카인, 자이레스테신에이주, 린코신㈜ 등)
재료대(가산 X)	진료 행위에 사용된 치과 재료의 수가 (예 글래스아이오노머, burr, Ni-Ti File, fixture 등)
진료행위 가산율 (=요양기관 종별 가산율)	진료 행위 전체 금액에 대하여 적용하는 가산율(24년 고시 변경) {표} ※ 단, 방사선 일반/특수 진단영상료는 종별 가산 적용하지 않습니다.

요양기관 종별 구분	국민건강보험	의료급여
치과 의원	0%	0%
치과 병원	5%	2%

✒ tip 기본 진찰료　　　　　　　　　　　　　　　　　　　　　　　**합격 Point**

✓ 초진료 > 재진료

✓ ① 치과 병원 초진료 > ② 치과 의원 초진료 > ③ 치과병원 재진료 > ④ 치과의원 재진료

✓ 문제에서 5가지 진료비 구성항목 종류와 예시를 연결하는 문제가 나옵니다.

Section 2. 연령에 따라 적용되는 가산율

만 1세 미만	진찰료	초진료 + 26,45 재진료 + 16.67
만 1세 이상~ 만 6세 미만	진찰료	초진료 + 10.89 재진료 + 6.86
	30% 가산	마취료
만 6세 미만	15% 가산	파노라마, 치근단
	20% 가산	cone beam ct
만 8세 미만	30% 가산	보통처치, 치아진정처치, 치아 파절편제거, 충전, 와동형성, 즉일충전처치, 치수절단, 발수, 근관와동형성, 근관세척, 근관확대, 근관성형, 근관충전 응급근관처치, 치면열구전색, 광중합형복합레진
만 70세 이상	30% 가산	마취료

✒ tip 가산율　　　　　　　　　　　　　　　　　　　　　합격 Point

✓ **마취 가산** : 만 1세 이상~만 6세 미만, 만 70세 이상 노인

✓ **행위 가산** : 만 8세 미만 소아

　(가산✕ : 발치, 당일발수근충, 치수복조, 치주낭측정검사, 러버댐, 치면연마, 치석제거 등)

✓ **단어 주의하기**
　– 치수복조(가산✕)/치수절단(가산○)

Section 3. 공휴일 가산

- 관공서의 **공휴일**에 내원한 경우

  - **초 재진료의 30%**

  - 응급일 경우 마취 및 처치 및 수술료 50% 가산

  - 단, 공휴일 야간 내원 시 가산은 1회만 산정

🥕 tip 공휴일   합격 Point

√ **빨간 날, 대체 공휴일** (가산✕ : 5월 1일 노동자의 날, 7월 17일 제헌절)

Section 4. 야간 가산

- 평일 18 : 00 ~ 익일 09 : 00

- 토요일 13 : 00 ~ 익일 09 : 00(병원급만 해당)

  - **초 재진료의 30%**

  - 응급일 경우 마취 및 처치 및 수술료 50% 가산

  - 단, 공휴일 야간 내원 시 가산은 1회만 산정

  - **만 6세 미만 소아(20 : 00 ~ 익일 07 : 00) 기본진찰료의 200% 가산**(24년 고시 변경)

- 토요 전일 가산제(의원급만 해당)

  - **토요일 모든 시간**

  - **초 재진료의 30% 가산**

- 야간, 토요일, 공휴일 수술 가산(의원급만 해당)

  - **토요일 모든 시간**

  - 제 10장 제 3절 구강악안면 수술, 제 4절 치주질환 수술 항목 **행위료의 30% 가산**

    (**예** 치주소파술, 치은 박리소파술, 유치 발치..)

    * 단, 치근활택술은 가산 항목이 아닙니다.

  - 마취 시 **마취료의 30% 가산**

☑ 예상 문제

1. 치과 의원은 토요 전일 가산제에 의하여 행위료의 30%를 가산한다. (   )
2. 공휴일 야간 내원 시 공휴일 가산과 야간 가산이 중복 적용된다. (   )
3. 만 6세 미만 소아의 야간가산은 오후 8시부터 다음 날 오전 7시까지 진찰료의 200% 가산된다. (   )
4. 법정 공휴일에 진료를 하면 마취료의 30% 가산이 가능하다. (   )
5. 토요일에는 의원급에서 치근활택술 진료 시 행위료의 30% 가산이 가능하다. (   )

답 1. ×   2. ×   3. ○   4. ×   5. ×

Section 1. 국민건강보험의 본인부담금

구분	본인부담금					임신부
	만 1세 미만	만 1세 이상~ 만 6세 미만	만 6세 이상~ 만 65세 미만	만 65세 이상		
의원	5%	21%	30%	15,000 이하	1,500원	10%
				15,000 초과 ~20,000 이하	10%	
				20,000 초과 ~25,000 이하	20%	
				25,000 초과	30%	
병원	10%	28%	40%	40%		20%

Section 2. 의료급여의 본인부담금

구분		의료급여 대상자		
		원외처방 ✕		원외처방 〇
		의약품 〇	의약품 ✕	의약품 상관 無
의원	1,2종	1,500원	1,000원	
병원 (시,도)	1종	2,000원	1,500원	
	2종	총액의 15%(임산부 5%)		

- **건강생활유지비 지원제도**
  - 의료급여 1종 수급권자에게 **1인당 월 12,000원(25년 10월 변동)**
  - 잔액이 남아있을 경우 의무적으로 선 차감
  - 사용 후 남은 잔액은 가상계좌에 누적되며 다음 해에 수급권자에게 현금으로 지급
  - 의료급여 환자 당일 승인 작업 의무화로 당일 승인 청구 시 진료 확인번호 기재 되어야 한다.

- 의료급여 1종 **수급권자 중** 본인부담금 면제 **대상자**

본인부담금 면제자	
당연 적용대상	» 18세 미만 » 행려환자 » 등록 결핵질환자 » 등록 중증질환자(암환자 포함) » 등록 희귀질환자, 중증 난치성질환자(장기이식자 포함) » **선택의료급여기관 이용자**
신청에 의해	» 20세 이하 중,고등학교 재학 » 임산부 » 가정간호

- **선택의료급여기관 지정 대상자**

  - 선택 병,의원은 일반적으로 1곳 , 특별한 사유 시 추가1곳

  - **전체 2곳**에서만 본인부담금 면제

  - 지정병원 의외에서 진료 시 지정 병원에서 "의료급여의뢰서" 발급받아야 한다.

  - "의료급여의뢰서" 가 없는 경우 **총 진료비 전액 본인 부담**

🔊 tip **본인부담금**　　　　　　　　　　　　　　　　　　　　　　　　　　　**합격 Point**

✓ 의료급여 환자 본인부담금 계산 문제 풀기
　① 의원/병원
　② 의료급여 1종, 2종
　③ 처방전 유/무
　④ 마취 유/무

✓ 4가지 포인트 확인 후 의원급 1,000원 기준, 병원급 1,500원 기준
　마취 시 +500원 하기 (ample료라 생각하자)
　(이때 마취 유무 상관없이 약 처방이 있으면 +500 하지 말기)

✓ 의료급여 환자의 경우 보험 틀니/임플란트 진료 시 건강 생활 유지비 차감이 안된다. **(주의!)**
　단, 무상 유지관리 시 진찰료에 한해서 건강 생활 유지비 차감이 가능하다.

CHAPTER 3. 치과 비급여(2문제)

Section 1. 기본 진료료

1. 교육·상담료[치태조절교육]

- 치과의사와 치과위생사가 미리 계획된 교육 프로그램에 의해
- 상근하는 교육 전담 인력을 배치, 별도의 교육 공간을 확보하고, 전 과정 30분 이상
- 전 과정을 포함한 비용을 1회 산정 가능
- 소아 환자 등 환자가 독립적으로 교육 받기 곤란한 경우 보호자를 대상으로 교육한다.

- **비급여 목록표**

교육상담료	» 치태조절교육
치아검사료	» 교합음도검사(≠관절음도검사) » **구취측정** » 치아우식 활성도검사 » 타액검사(분비율, 점조도, pH, 완충 기능) » 하악과두위치와 운동검사 및 분석 » 인상채득 및 모형제작
영상진단 및 방사선 치료	» 규격화 치근단 사진 공제술
치과 처치 수술료	» **접착 아말감** 수복 » 핀유지형 수복(casting post) » 인레이, 온레이와 같은 치과 보철 » **광중합형 글래스아이오노머시멘트**(보험 항목은 자가중합) » 광중합형 복합레진(만 12세 미만 보험 제외) » **구강보호장치(마우스피스)** » 구취 해석,진단,처치 » 이갈이장치 » 코골이 장치 » 교합장치
구강외과수술	» **자가치아이식술(≠치아재식술)** →8번 사랑니를 구치부에 이식하는 것 » **치관 노출술(≠치관확장술, 치은 절제술)** →잇몸 절제 후 교정력을 이용하여 치아를 맹출하는 행위 대구치 직립 이동

치주질환수술	» 치은착색제거술
	» 잇몸웃음교정술
	» 심미적 치관성형술
	» 치과 외과적 정출술**(24년 신설)**
	→ 치질 확보를 위해 외과적으로 치아를 필요 위치까지 정출
치료재료	- MTA

🔊 tip 비급여 합격 Point

✓ 업무 또는 일상 생활에 지장이 없는 경우

✓ 외모 개선 목적의 심미 진료(예 교정치료)

✓ 예방 진료(예 구취 제거, 불소 도포 등)

✓ 본인 희망에 의한 건강검진

✓ 문제에서 급여 진료와 비급여 진료를 구분하는 문제가 나옵니다.

✓ 교정을 목적으로 시행한 발치는 비급여 대상이지만 질병이 있으면 급여 가능
(치주질환, 우식, 매복치 등의 사유는 급여 가능하다.)

✓ 급여 항목과 비교하기 ★★★
- 교합음도검사(비급여)/관절음도검사(급여)
- 자기치아이식술(비급여)/치아재식술(급여)
- 치관노출술(비급여)/치관확장술(급여), 치은 절제술(급여)

✍ 예상 문제

🔊 급여 산정 불가한 것끼리 묶인 것은?

가. 교합음도검사   나. 치아 재식술   다. MTA   라. 치관 확장술   마. 광중합형 글래스아이오노머

답 1. 가, 다, 마

CHAPTER 4. 기본 진료료(2문제)

Section 1. 진찰료

- 외래 환자를 진찰한 경우 처방전의 발행과는 관계없이 산정한다.
- 진찰료는 기본 진찰료와 외래 관리료로 구성된다.
  - 기본 진찰료는 병원 관리 및 진찰권 발급 등
  - 외래 관리료는 외래환자이 처방 등에 수유되는 비용

1. 초진과 재진

초진 환자	» 해당 상병으로 동일 의료기관 동일진료 과목 의사에게 진료받은 경험이 없는 환자 » 타치과 치료 후 본원에 내원하여 치료를 이어 하는 경우 예 타치과 발치 후 우리 병원에서 s/o 시행함
재진 환자	» 해당 상병으로 동일 의료기관의 동일 진료 과목 의사에게 계속해서 진료받고 있는 환자 » 해당 상병의 치료가 종결되지 아니하여 계속 내원하는 경우 내원 간격에 상관없이 재진환자 예 발수 후 2년 만에 내원한 환자 이전 파노라마 참조하여 사랑니 발치 » 완치 여부가 불분명한 치주 치료나 턱관절 환자의 경우 90일 이내 내원 시 재진환자 단, 치주질환의 경우 동일 부위 치료가 90일 이내에 이루어졌을 경우이다. » 치료 종결 후 30일 이내에 내원한 경우 재진 치료의 종결은 해당 상병의 치료를 위한 내원이 종결되었거나 투약이 종결되었을 때

2. 국가 구강검진(공단 검진) 시 진찰료 산정기준

- 국가 구강검진을 실시한 당일 치료를 시행한 경우 초진 또는 재진료의 50%를 산정
- 토요일 구강검진 시 검진료의 30%가 가산
- 학교구강검진은 교육청 주관 사업으로 당일 치료를 시행하여도 진찰료 100% 산정

3. 진찰료만 산정해야 하는 경우

✓ 구강진단 및 치료계획 수립

✓ 치은염, 지치주위염 등의 간단한 구강연조직질환의 처치를 한 경우

✓ 발치 전 동통 감소를 위한 간단한 d/r 및 약 처방만 한 경우

✓ 구강 내 캔디다증 처치, 구내염 치료(약물도포)

✓ 구강건조증 처치

✓ 처방전만 발행하는 경우

✓ 개폐구검사, 치아 동요도 검사, 치수 온도검사

✓ 측두하악장애 행동요법(턱관절 주의사항 설명)

✓ 구강 안면 저수준 레이저 치료

✓ 요양급여 명세서, 소견서, 촉탁서 등의 발행

✓ 고정장치 제거 후 실시한 d/r

✓ 치면열구전색 탈락 시 2년 이내 재도포(본원)

✓ 지각과민처치 나. 6개월 이내 재도포(본원)

✓ 보험 틀니 무상 유지관리 3개월 이내 6회(본원)

✓ 보험 임플란트 무상 유지관리 3개월 이내(본원)

🔖 tip 진찰료   합격 Point

✓ 초진과 재진 예시와 올바르게 연결됐는가? 문제가 시험에서 나옵니다.

✓ 진찰료 가산되는 경우를 물어봅니다.
  (야간 진료, 토요 전일 가산제, 공휴일 진료 시 기본진찰료의 30% 가산)

🖉 예상 문제

1. 진찰료는 기본진찰료와 외래관리료로 구성된다.   (   )

2. 영유아 구강검진 당일 진료 시 진찰료의 50% 산정한다.   (   )

3. 타 병원에서 발수를 시행하고 본원에 내원하여 근관확대를 시행할 경우 재진이다.   (   )

4. #34 cervical abrasion 글래스아이오노머 즉일충전처치 시행 후 20일 이내 탈락하여 재시행하였다.
   이 경우 재진이다.   (   )

5. #14,15,16,17 치석제거 후 2달 뒤 내원하여 동일 부위 치근활택술을 시행하였다. 이 경우 초진이다.   (   )

정답 1. ○   2. ○   3. ×   4. ○   5. ×

CHAPTER 5. 상병명(4문제)

1. 시험에 자주 나오는 상병명 정리

광중합형 복합레진 (K02~)	
→적절하지 않은 예시 : K03~. 마모, S02~ 치아 파절 K02.5 치수 노출이 있는 우식	
K02.0	법랑질에 제한된 우식
K02.1	상아질 우식
K02.2	시멘트질의 우식
K02.3	정지된 치아 우식
치면열구전색 (상병명 1개)★	
Z29.8	기타 명시된 예방적 조치
[보존치료]	
지각과민처치(K03.~)→적절하지 않은 예시 : K02~. 우식, K05~. 치주	
K03.10	치아의 치약 마모
K03.18	기타 명시된 치아의 마모
K03.80	민감 상아질
K06.00	국소적 치은 퇴축
교합조정술→적절하지 않은 예시 : K02~. 우식	
K05.3~	만성 치주염
K07.2~	치열궁 관계의 이상
K07.3~	치아의 위치 이상
S03.20	치아의 아탈구
S03.21	치아의 함입 또는 정출
보철물 재부착(상병명 1개)★	
→임플란트 Scrp hole 충전 시에도 사용	
T85.6	치과 보철물의 파절 및 상실

[근관치료]	
응급근관처치 → 적절하지 않은 예시 : 만성 상병명	
K04.4	치수 기원의 **급성** 근단 치주염
K04.7	동이 없는 근단 주위 농양
치수 절단 → 적절하지 않은 예시 : 근단 농양 상병, K04.6 동이 있는 근단 주위 농양, K04.7 동이 없는 근단 주위 농양	
K02.2	백악질 우식증
K02.8	기타 치아 우식
K04.00	가역적 치수염
K04.01	비가역적 치수염
★**근관치료 시 마취가 필요 없는 상병명**	
K04.1	치수의 괴사
★**근관치료 시 항생제 처방 가능한 상병명** → 적절하지 않은 예시 : 치수염, 치관 파절 상병명 예 K04~ 치수염, S02.54 치관 파절	
K04.4	치수 기원의 급성 근단성 치주염
K04.5	만성 근단 치주염
K04.62	구강으로 연결된 동이 있는 근단주위농양
K04.7	동이 없는 근단 주위 농양
재근관치료(Re-endo) → 적절하지 않은 예시 : 치수염 상병 예 K04~ 치수염	
K04.5	만성 근단 치주염
K04.60~K04.63	동이 있는 근단주위농양
K04.7	동이 없는 근단 주위 농양

[치주치료]	
치근활택술(급성, 만성 상병명 OK)	
K05.2~	급성 치주염
K05.3~	만성 치주염
치주소파술(급성 ✕, 만성 OK)	
K05.30	만성 단순 치주염
K05.31	만성 복합 치주염
치은질제술(K05~ 치주 상병)	
K05.11	증식성 만성 치은염
K05.30	만성 단순 치주염
K05.31	만성 복합 치주염
K06.10	치은섬유종증
K06.18	기타 명시된 치은 비대
치관확장술(K02~ 우식, K04~ 근관치료)★★★ → 적절하지 않은 예시 : 치주 상병	
1) 우식원인 K02.2	시멘트질의 우식
K02.8	기타 치아우식
2) 근관치료 원인 K04.0~	치수염
잠간 고정술	
K05.3~	만성 치주염
S03.2~	치아의 아탈구

<table>
<tr><td colspan="2" align="center">[외과 치료]</td></tr>
<tr><td colspan="2" align="center">난발치(짝꿍 상병명)★★★</td></tr>
<tr><td align="center">K00.44</td><td align="center">치아의 절렬 (만곡치)</td></tr>
<tr><td align="center">K03.5</td><td align="center">치아의 강직증</td></tr>
<tr><td colspan="2" align="center">매복치 발치</td></tr>
<tr><td align="center">K01.1~</td><td align="center">매복 상병</td></tr>
<tr><td colspan="2" align="center">치조골 성형술(상병명 1개) ★★★</td></tr>
<tr><td align="center">K08.81</td><td align="center">불규칙한 치조돌기</td></tr>
<tr><td colspan="2" align="center">발치와 재소파술(상병명 1개) ★★★</td></tr>
<tr><td align="center">K10.3</td><td align="center">턱의 치조염</td></tr>
<tr><td colspan="2" align="center">구강 내 소염술(I&D) ★★★
→ 적절하지 않은 예시 : 동이 있는~
예 K04.6 동이 있는 근단 주위 농양</td></tr>
<tr><td align="center">K04.7</td><td align="center">동이 없는 근단 주위 농양</td></tr>
<tr><td align="center">K05.20</td><td align="center">동이 없는 잇몸 기원의 치주농양</td></tr>
<tr><td colspan="2" align="center">구강 내 열상 봉합술</td></tr>
<tr><td align="center">S01.1~</td><td align="center">볼, 입술 등의 열린 상처</td></tr>
<tr><td colspan="2" align="center">협순소대 절제술(상병명 1개)</td></tr>
<tr><td align="center">Q38.00</td><td align="center">이상 구순소대</td></tr>
<tr><td colspan="2" align="center">설소대 절제술(상병명 1개)</td></tr>
<tr><td align="center">Q38.1</td><td align="center">혀 유착증</td></tr>
<tr><td colspan="2" align="center">치은판절제술</td></tr>
<tr><td align="center">K00.64</td><td align="center">만기 맹출</td></tr>
<tr><td align="center">K00.68</td><td align="center">기타 명시된 맹출장애</td></tr>
<tr><td align="center">K05.22</td><td align="center">급성 치관주위염</td></tr>
<tr><td align="center">K06.18</td><td align="center">기타 명시된 치은 비대</td></tr>
</table>

탈구치아 정복술	
S03.20	치아의 아탈구
S03.21	치아의 함입 또는 탈출
치아 재식술	
S03.22	완전 탈구
보험 틀니, 보험 임플란트	
K08.1	사고, 추출 또는 국한성 치주병에 의한 치아 상실
틀니 유지관리	
Z46.3	치과 보철 장치의 부착 및 조정

☑ 예상 문제

1. 구강내소염술의 상병명은 K04.62 구강으로 연결된 동이있는 근단주위농양이다. (　　)
2. 치조골성형술의 상병명은 K08.81 불규칙한 치조돌기이다. (　　)
3. 치관확장술의 상병명은 K05.30 만성 단순 치주염이다. (　　)
4. 광중합형복합레진의 상병명은 S02.5 치아 파절이다. (　　)
5. 치경부 마모증 치료 시 K02.1 상아질 우식증 상병명이다. (　　)

📖 1. ✕　2. ○　3. ✕　4. ✕　5. ✕

Section 1. 유사 행위간 상대가치점수 비교

1. 검사

- 근관장측정(1근관당) < 치주낭측정(1/3악당) < EPT(1구강당) < 정량광형광기

2. 후처치

- 치주치료 후 처치(가) < 수술 후 처치(가 < 치주치료 후 처치(나)

3. 마취 행위료

- 침윤마취 < 이신경 = 후상치조 전달마취 = 비구개 < 안와하 < 하치조 전달마취

4. 방사선 촬영 및 판독료

- 치근단1매 < 교익촬영 < 치근단동시2매 < 치근단2매 < 치근단동시3매 < 치근단3매 < 파노라마일반 < 치근단4매
  < CT(가.일반) < CT(나.3차원CT)

5. 보존치료

- 보통처치 < 지각과민처치(가) < 치아진정처치 < 치수복조 < 지각과민처치(나) < 응급근관처치 < 치수절단
- CI < CE(근관확대) < CS(근관성형) < PE < 단순CF < 가압CF < 근관내기존충전물제거 < 당발근충(유치)
  < 당발근충(영구치)
- 발수 + 근관와동형성 < 근관내기존충전물제거
- 보철물제거 복잡 < 근관내기존충전물제거 < post 제거

6. 보철물

- 충전물 연마 < 수복물제거 간단 < 보철물재부착 < 수복물제거 복잡 < 금속재포스트 제거

7. 발치

- 유치 < 전치 < 구치 < 치조골성형술 < 난발치 + BUR < 단순매복 < 복잡매복 < 완전매복

8. 치주(1/3악당)

- 치면세마 < 치석제거(가) < 치근활택술 < 치주소파술 < 치은절제술 < 치은박리소파술

Section 2. 산정기준

1근관당 1회	발수, 근관와동형성, 근관확대, 근관성형, 근관세척, 단순근관충전, 가압근관충전, 당일발수근충
	근관장 측정검사
	근관 내 기존충전물 제거, 금속재 포스트 제거
1치당 1회	보통처치, 치아진정처치, 치수복조, 지각과민 처치(가, 나), 치아파절편제거, 교합조정술, 즉일충전처치, 충전, 충전물연마
	치면열구전색술
	보철물 재부착, 인공치 수리, 보험 임플란트
	치수절단, 응급근관처치
	발치, 치조골성형술, 치아재식술, 탈구치아정복술, 치근단절제술, 치관확장술
1/3악당 1회	침윤마취
	치주낭측정검사
	치면세마, 치석제거(가. 1/3악), 치근활택술, 치주소파술, 치은절제술, 치은박리소파술
1/2악당 1회	하치조신경 전달마취, 후상치조신경 전달마취,
1악당 1회	러버댐장착
	급여 틀니, 틀니 유지관리(인공치 수리만 제외)
	상고정장치술, 잠간 고정술(3치 이하, 4치 이상)
1구강당 1회	전기치수반응검사, 정량광형광기검사
	발치와재소파술, 수술 후 처치, 치주치료 후 처치
	치은판절제술, 치석제거(나. 전악)
1일당	수술 후 처치

100 : 100	100 : 50
교합조정 + 치주치료(S/C, R.P/CU)	발치 + 치조골성형술 **(발치 < 치조골성형술 < 난발치)**
구강 내 소염술 + 신경치료	발치 + 치근낭적출술
구강 내 소염술 + 치주수술	치근단 절제술 + 치근낭적출술
구강 내 소염술 + 교합조정	치은박리소파술 + 발치/임플란트 제거술
당일발수근충/충전 + 치근단절제술	잠간고정술(100%) + 교합조정(50%)
발수 + 치아 파절편 제거	광중합형복합레진(100%) + 치면열구전색(50%)
치수절단 + 충전	금속재포스트제거(100%) + 근관 내 기존충전물 제거(50%)
치아재식술/탈구치아정복술 + 근관치료/치아 고정술	
근관충전 + 충전처치	
파노라마 일반 + 특수	

주된 처치만 인정
» 보통처치/치아진정처치/치수복조 + 충전 = 충전
» 치관수복물 제거 간단 + 복잡 = 복잡
» **발치 + 스케일링 = 발치**
» 치은판절제술 + 발치 = 발치
» 구강 내 소염술 + 발치 = 발치
» 응급근관처치 + 발수 = 발수
» 치수절단 + 충전 = 100 : 100
» 치수복조 + 충전 = 충전 → 치수복조는 임시충전이다.

✏️ **tip** 진료행위료비교 요약

✓ 치근단 3매 < 파노라마 일반

✓ 난발치 + BUR 가 < 단순매복발치

✓ 근관확대 < 근관성형

✓ 응급근관처치 < 치수절단

✓ 치과보철물의 제거 복잡 < 근관 내 기존충전물 제거 < 금속재포스트 제거

✓ 치은절제술 < 치은박리술

✓ 침윤마취 < 후상치조신경전달마취 < 하치조신경전달마취

✓ 치주치료 후 처치 가 < 수술 후 처치 < 치주치료 후 처치 나

📝 예상 문제

1. 치석제거 가 < 치근활택술 < 치주소파술 < 치은박리소파술 < 치은절제술　　　　　　（　　　）

2. 단순 매복치 발치 < 난발치 + BUR 가　　　　　　（　　　）

3. 근관 확대 < 근관성형　　　　　　（　　　）

4. 구강내소염술과 발수를 동시에 시행하였다. 이 경우 각각 인정된다.　　　　　　（　　　）

5. 치수복조와 충전을 동시에 시행하였다. 이 경우 각각 인정된다.　　　　　　（　　　）

📖 1. ×　　2. ×　　3. ○　　4. ○　　5. ×

Section 1. 마취료

- 마취 행위료 + 약제료 + 의약품 관리료로 구성된다.
- 사용한 주사침 및 1회용 주사기의 재료대는 별도 산정하지 않는다.
- 만 1세 이상 ~ 만 6세 미만 소아, 만 70세 이상 노인 마취 시 30%를 가산한다.
- 표면마취는 산정 불가이다.
- 동일 부위 동일 목적으로 2가지 이상의 마취 병용 시 주된 마취만 인정한다.

  (예 침윤마취 + 전달마취 = 전달마취)

  단, 사용한 앰플 수는 개수대로 산정한다.

Section 2. 마취 종류

침윤마취(1/3악당)	전달마취(1/2악당)
» 유치, 영구치 모두 산정 » **치수 내 마취, 치주인대 마취**	» 비구개신경전달마취(상악 전치부) » 후상치조신경전달마취(상악 구치부) » 하치조신경전달마취(하악 구치부) » **유치의 전달마취 시 후상치조전달마취는 산정 불가이다.** 　(상악은 해면골이라 침윤마취만으로도 마취가 잘된다.) » 비구개신경전달마취는 치주수술, 외과수술 시 산정 가능하다. 　(예 정중과잉치매복발치, 치은박리소파술…)

Section 3. 피하 또는 근육내 주사(IM주사)

- 구강외과 수술 또는 치주 수술 후 산정 가능하다.

  이때, 일률적 처방은 지양한다.(예 매복치 발치 등)

- 비급여 임플란트 수술 후 시행한 주사는 급여 산정 불가하다.

✎ tip 치과 마취료 합격 Point

✓ 표면마취는 산정 불가이다.

✓ 동일 부위 침윤미취＋전달미취 시 전달마취만 인정 가능하다.

✓ 사용한 앰플 개수는 모두 산정 가능하다.

✓ 의약품 관리료는 1일당 산정이다.

  (오전 오후 환자가 방문하더라도 1회만 산정 가능하다.)

☑ 예상 문제

1. 소아 발치를 위해 도포한 표면마취제는 산정 가능하다. （　　）

2. 소아 유치 신경치료를 위해 후상치조신경전달마취를 시행하였다. 이 경우 전달마취 청구가 가능하다. （　　）

3. 만 70세 이상 노인의 치과 마취 시 30% 마취 가산이 가능하다. （　　）

4. #44 근관치료 시 침윤 마취 시행 후 환자가 통증을 호소하여 치수강 마취를 시행하였다.

  이 경우 치수강 마취는 산정 불가하다. （　　）

5. #18 발치 시 침윤마취 1ample 사용하였으나 환자가 통증을 호소하여

  후상치조신경 전달마취 1ample 시행하였다. 이 경우 전달마취로 산정하고

  앰플 개수는 총 2ample로 산정한다. （　　）

답 1. ×   2. ×   3. ○   4. ○   5. ○

Section 1. 산정기준

> #### ✍ 예상 문제
>
> 1. 저함량 배수 처방을 지향한다. ( )
> 2. 헥사메딘 가글액은 100ml만 급여 인정 가능하다. ( )
> 3. 고가의 약은 효과가 좋으므로 환자에게 처방한다. ( )
> 4. 교정 발치 후 약 처방은 "기타"로 처방한다. ( )
> 5. 교부 번호가 약국과 일치하지 않아도 된다. ( )
>
> 답 1. ×   2. ○   3. ×   4. ○   5. ×

1. 처방전 재발급

사용기간 내 재발급	사용기간 경과 후	처방전 분실
» 진찰료 별도 산정 불가 » 종전 교부번호 동일 　재발급 여부 약국 통보	» 진찰 여부에 따라 진찰료 발생	» 환자 귀책 사유로 　"기타" 환자 전액 본인 부담

2. 비급여 처치 시 약 처방

- 비급여 임플란트, 교정 발치와 같은 비급여 처치 시 **"기타"** 로 청구한다.

3. 대리 처방

- 환자 지병으로 환자 가족이 내원하여 약 처방을 받는 경우 재진 진찰료의 50%를 산정

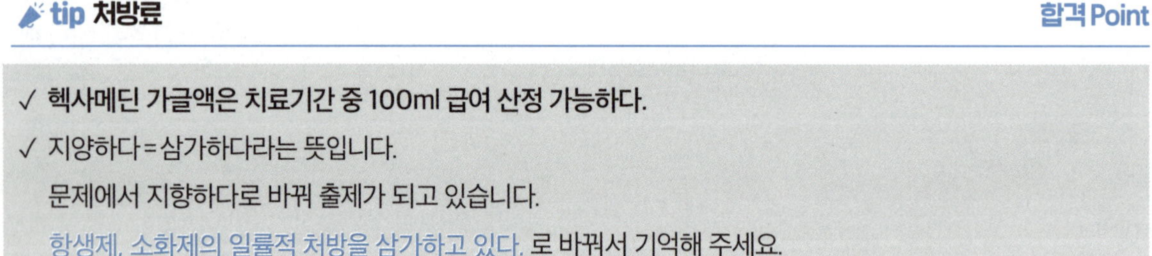

🎉 **tip 처방료**　　　　　　　　　　　　　　　　　　　합격 Point

✓ **헥사메딘 가글액은 치료기간 중 100ml 급여 산정 가능하다.**

✓ 지양하다 = 삼가하다라는 뜻입니다.

　문제에서 지향하다로 바꿔 출제가 되고 있습니다.

　항생제, 소화제의 일률적 처방을 삼가하고 있다. 로 바꿔서 기억해 주세요.

CHAPTER 9. 방사선 촬영 및 진단(3문제)

Section 1. 산정기준

- 치과 방사선 영상진단료는 판독료(30%) + 촬영료(70%)로 구성된다.
- 만 6세 미만 소아의 방사선 단순 영상 촬영 시 15% 가산

  특수 영상 촬영 시 20%가 가산된다.
- 치과 디지털 촬영 장치(DR)을 이용한 경우 촬영 판독료만 산정한다.
- cone cut과 같은 술자의 부주의로 인해 재촬영 시 방사선 영상 진단료 산정 불가이다.

Section 2. 방사선 촬영 종류

1. 치근단 촬영(Periapical)

- 치아 내부 또는 치조골 등을 관찰하는 데 가장 유용한 사진이다.

치근단 동시 N매	치근단 N매
동일 부위 동일 목적으로 촬영한 경우 #36 다근치 뿌리 촬영 위해 각도 변경하여 촬영	동일 부위 다른 목적으로 촬영한 경우 #44 진단용 1장, 근관장 측정검사용 1장, 근관충전용 1장→치근단 3매

★치근단 촬영과 치근단 동시 촬영을 구분하는 문제가 자주 출제됩니다.

2. 교익촬영(Bitewing)

- 상하악을 교합 시킨 상태에서 촬영한다.
- 인접면 충치나 초기 치주질환의 진행 여부를 판별하는데 매우 유용하다.

3. 파노라마 촬영(Panorama)

가. 일반

나. 특수(악관절, 악골절 단면)

- 부분적인 치근단 촬영만으로는 진단이 불충분할 경우 촬영한다.

- 치근단 촬영 후 파노라마 촬영을 하는 것이 바람직하다.

- 파노라마 가. 일반과 나. 특수 동시 시행한 경우 각각 100% 청구 가능하다.

파노라마 가. 산정기준
» 치아 및 치아 주위 조직의 전반적인 평가를 위한 경우
» 치아 및 악골의 발육 과정과 이상의 평가 (평균 맹출 연령을 초과하는 경우)
» 매복치아의 위치, 형태, 매복 정도 등의 평가를 위한 경우
» 외상 및 구역반사 및 개구 장애로 인하여 구내 촬영이 불가능한 경우
» 기타 병변의 평가를 하기 위해 치근단 촬영만으로 진단이 불충분한 경우

 **tip 파노라마** 합격 Point

✓ 치근단 촬영과 파노라마 촬영 동시 시행 시 각각 인정됩니다.

✓ 파노라마 산정기준은 매번 시험에 출제되는 부분 중 하나입니다.

✓ 통상적으로 특별한 이유 없이 6개월 이내 재촬영한 파노라마는 인정하지 않습니다.

4. Conebeam 전산화단층영상진단

가. 일반

나. 3차원 ct

- 별도의 판독소견서를 구비하여 작성한다.

Conebeam 전산화단층영상진단 산정기준	

치아 부위	1) 근관치료
	  - 통상적인 근관 치료 시 비정상적인 계속적인 동통을 호소하는 경우
	  - 치근 파절, 비정상적 근관형태로 추가적인 근관치료를 요하는 경우
	  - **치근단절제술** 또는 **치아재식술** 시 해부학적 위험한 상태
	2) 매복치
	  - 완전 매복치
	  - 제 3대 구치는 하치조관 또는 상악동과 치근이 겹쳐 보여 발치 위험도 높은 상태
	  (중첩○, 근접하여 ×)
	3) 외상 등으로 치아가 함입되어 계승치아에 미치는 영향

안면 및 두개기저 부위	1) 3치관 크기 이상 치근낭 2) 타액선 결석 3) 수술을 요할 정도의 상악동염 4) 안면 골절 5) 악안면기형 수술 전후평가 6) 낭종 또는 염증 질환 7) 호르몬이상 등
측두하악 관절 (tmj) 부위	1) 강직과 감별진단을 요하는 임상적 개구제한 2) 골변화를 동반하는 관절염 및 과두형태 이상 3) 스프린트치료 반응 안 하는 측두하악 장애 4) 악관절 수술 전후평가

📝 예상 문제

1. 치근단 촬영은 인접면 우식과 초기 치주질환의 판별하는데 가장 유용하다.　　　　(　　)

2. #26 치근단 촬영 시 각도를 변경하여 2회 촬영하면 치근단 동시 2매로 산정한다.　　(　　)

3. 만 6세 미만 소아의 치근단 촬영을 한 경우 소정 점수에 10%를 가산한다.　　　　(　　)

4. 2치관 크기 이상의 치근낭으로 Conebeam CT 촬영하였다. 이 경우 산정 가능하다.　(　　)

5. Conebeam ct의 경우 판독 소견서를 별도 비치하여야 한다.　　　　　　　　　(　　)

답 1. ×　　2. ○　　3. ×　　4. ×　　5. ○

Section 1. 치아질환처치

	보통처치 Simple Treatment	치아진정처치 Dental Sedative Filling	치수복조 Pulp Capping
공통점	1치당 러버댐 산정 불가 (3개 다 임시 처치이므로)사용한 약제 및 재료대 산정 불가 필요 시 마취 및 방사선 산정 가능 비급여 진료 당일 실시한 경우 산정 불가		
차이점	만 8세 미만 소아 30% 행위 가산 해당		가산 x

합격 point 3가지 진료의 정의를 구분할 줄 아는 문제가 시험에서 출제됩니다.

1. 보통처치(Simple Treatment)

- 본격적인 치료 전에 행하는 간단한 처치

보통처치 산정기준
» 치수강 개방만 시행한 경우
» 발수를 완료하기 전 치수 일부만 제거한 경우, 발치 완료하지 못함
» 치수 절단 후 f.c change , trio base, irm 충전
» Caviton과 같은 임시약제 탈락으로 재충전
» 법랑질 grinding

합격 Point 보통처치의 산정기준이 시험문제로 출제되기도 합니다.

2. 치아진정처치(Dental Sedative Filling)

- **우식상아질을 제거하고** 당일에 와동형성을 완료하였으나 영구충전을 할 수 없어 임시충전재를 사용하여 치아를 진정시키는 행위(★보통처치는 이미 형성된 와동에 임시 약제를 충전한다.)
- 충전 당일 실시한 치아진정처치는 산정 불가하다.

3. 치수복조(Pulp Capping)

- 충치를 제거하는 도중 치수가 미세하게 노출되어 **치수보호제(dycal,cavitec) 등**으로 노출된 부분의 염증을 억제하고 2차 상아질의 형성을 목적으로 하는 술식
- 치아진정처치와 치수복조를 동시에 시행한 경우 치수복조만 산정

	충전 Filling	즉일충전처치 Treatment for one visit filling
set	충전료 + 와동형성료 + 재료대	즉일충전처치 + 충전료 + 재료대
공통점	1치당, 필요 시 마취 및 방사선 동반 러버댐 청구 가능, 충전물 연마 청구 가능	
차이점	**전처치** 동반 예 보통처치, 치아진정처치, 치수복조, 치수절단, 당일발수근충, 근관충전 등 **치과 SCRP hole 충전**	당일 와동형성부터 충전까지 하루에 치료를 완료

4. 충전(Filling)

가. 아말감충전 1~4면 이상

나. 복합레진충전(글래스아이오노머 시멘트 충전 포함) 1~4면 이상

다. 광중합형복합레진충전 1~3면 이상(만 12세 이하 급여레진)

✎ **〈광중합형복합레진충전 1~3면 이상 "만 12세 이하 급여레진"〉**

✓ **만 5세 이상~만 12세 이하 아동**

✓ **치아우식증에 이환된 영구치**(마모, 파절, 치수염 치아, 유치 ×)

✓ **상병명 : K02~ 우식 상병명**

✓ **1일 최대 4치** (단, 구강 상태 및 장애 등의 사유로 전신마취 또는 행동조절요법 시행 후 실시할 경우 의사소견서를 첨부하면 초과 급여 가능함)

✓ Jx999 기타내역에 와동급수와 충전면수 내역 설명을 기재한다.

✓ 산정 불가 : 러버댐장착, 즉일충전처치, 충전, 교합조정, 충전물 연마

✓ 별도 산정 : 진찰료, 마취, 방사선, 기존수복물제거

✓ 즉일충전처치와 충전을 구분하지 않는다.

✓ 광중합형복합레진을 실시한 치아의 다른 부위에 우식이 늦게 발견되어 동일 치아에 재실시한 경우 기존의 면수와 합산하여 1회만 산정한다. 단, 기존 치료 당시 없었던 우식증이 발생한 경우라면 추가 산정 가능하다

✓ **광중합형복합레진(B) + 치면열구전색(O) = 광중합형복합레진 100%, 치면열구전색 50%**

✓ **6개월 이내 탈락 시 광중합형복합레진의 50%만 산정한다.**

5. 와동형성(Cavity Preparation) 1~4면 이상

- 치아면 수대로 산정한다.
  - **예** 동일치아 2개 이상의 와동이 존재하는 경우 각각 산정

    (MO+DO=4면)

    동일 면에 2개 이상의 와동이 존재하는 경우 1면만 산정

    (O+O=1면)

- 충전 후 1개월 이내 치수치료로 진행될 경우 각각 100% 산정 가능하다.

합격 Point 충전 면수를 계산할 줄 아는 문제가 시험에서 출제되기도 합니다.

6. 즉일충전처치(Treatment for one visit filling)

- 1치당

- 와동형성료는 별도 산정 불가하다.

- 당일 동일치아에 교합면 충전과 치경부 부위 충전을 각각 시행하였더라도 즉일충전처치는 1회만 산정한다.

<재료대 산정기준>

✓ (자가중합형) 복합레진 등 : 면당 사용

✓ 글래스아이오노머, 미라클믹스, 케탁실버 등 : 1치 1회당

✓ 아말감 캡슐형 : 1치 1회당

✓ 재충전술 시 기존 수복물을 제거한 경우 제거 비용은 별도 산정 가능

✓ 금속강화형 시멘트는 지대치 core 축조 및 유치 충전용으로 사용 시 인정

　이때, 아말감충전으로 산정한다.

　(금속강화형 시멘트 = 미라클 믹스, 케탁실버 등등)

7. 충전물연마 (Restoration Polishing)

- 1치당

- 수복물의 외형 및 변연부를 다듬어 표면 질감을 매끄럽게 할 경우 산정한다.

- **아말감은 익일(다음날), 글래스아이오노머는 충전 당일부터 산정한다.**

- 비급여 재료로 충전 후 충전물연마 산정 불가하다.

- crown예정이 없어 급여 재료로 지대치 축조 완료할 경우 충전물연마로 인정한다.

　단, 일률적인 경우 인정하지 않는다.

재충전 시 산정기준			
충전재료	기준일	충전	즉일충전처치
아말감 gi	30일 이내	와동형성50%+충전50%+재료대100%	
	30일 초과	와동형성100%+충전100% +재료대100%	즉일충전처치100%+충전100% +재료대100%
복합레진	3개월 이내	와동형성50%+충전50%+재료대100%	
	3개월 초과	와동형성 100%+충전100% +재료대100%	즉일충전처치100%+충전100% +재료대100%

합격 Point 즉일충전치치는 30일 이내 **충전료의 50%로 산정합니다**

재시행 기준은 시험에서 자주 출제되고 있으니 꼭 기억해 주세요!!

8. 치면열구전색(Fissure Sealing) "sealnt"

- 1치당
- **만 18세 이하** 치아우식증에 이환되지 않은 순수 건전치 제 1, 2대 구치
- 산정 불가 : 러버댐 장착료
- 재시행 : 2년 이내 동일 의료기관에서 동일 치아에 재도포 시 진찰료만 산정
- 광중합형복합레진(B)+치면열구전색(O)=광중합형복합레진 100%, 치면열구전색 50%
- 상병명 : Z29.8 기타 명시된 예방적 조치

본인부담률 인하		
	건강보험	의료급여 2종
치과의원	10%	1,000원
치과병원	10%	5%

9. 지각과민 처치(Desensitizing Treatment)

가. 약물도포, 이온도입법의 경우

나. 레이저치료, 상아질 접착제 도포의 경우

	지각과민처치 가.	지각과민처치 나.
재료	Ms coat Super seal Gluma (MSG 조미료 3총사)	Se bond Single bond Hybrid coat Bis block (~bond) 레이저 오스템 k.e.y laser Sd-201b 인정
산정기준	1치당 2~3회 중복산정 가능	6개월 이내 중복 산정 불가 진찰료만 산정 가능 1일 6치(지, 각, 과, 민, 처, 치 글자 수 6개) 1치 100% 2치부터 20% 최대 200%
공통점	당일 동일치아 지각과민처치 가+나 동시 시행 시 주된 처치 "나" 만 인정 치주치료, 충전치료, 보철치료 후 시행한 지각과민처치는 별도산정 불가 지각과민처치 가→나 인정	
상병명	K03~ 치아 마모 상병	

합격 Point 지각과민처치 가 vs 나 비교하는 문제

지각과민처치 나. % 계산하는 문제가 시험에서 출제됩니다.

10. 교합 조정술(Occlusal Adjustment)

- 1치당

- 1일 최대 4치(교, 합, 조, 정 글자 수 4개)

- 교합지를 이용하여 최적의 교합상태를 형성해 주는 술식

- **치석제거＋교합 조정＝각각 100%**

- **잠간고정술＋교합 조정＝잠간 고정술 100%, 교합 조정 50%**

- 동일 치아에 충전처치, 치수치료＋교합조정＝산정 불가

< 교합조정 적응증 >

✓ 외상성 교합이 있는 경우

✓ 악관절 기능이상으로 치아의 조기접촉이 있는 경우

✓ 외상성교합으로 과도한 치아 동요도가 있는 경우

✓ 과도한 교합력으로 인한 골내낭이 있는 경우

✓ 급성 치주농양으로 치아가 정출된 경우

11. 정량광형광기를 이용한 치아우식증 검사 (25.02 고시 변경 내용) Q-ray pen

- 1구강당

- **만 15세 이하 아동**

- **3개월 단위 1회 인정**

- 당일 x-ray 촬영과 동시에 시행한 경우 주된 1종만 산정한다.

- 심평원에 장비 신고 대상

Section 2. 보철 치료

1. 치관수복물 또는 보철물의 제거(Removal of Restoration)

가. 간단한 것

나. 복잡한 것

	간단한 것	복잡한 것
산정기준 **(1치당)**	아말감, gi, 복합레진, sp crown *실란트 제거는 산정 불가!	Crown, bridge, inlay, onlay등 (기공소에서 주조한 것)
		지대치는 지대치 수대로 산정 인공치(pontic) 연속된 경우 1 예 3= = = =3 지대치 2, 인공치 1 떨어져 있는 경우 각각 산정 예 3=5=7 지대치 3, 인공치 2
공통점	**동일치아에 간단+복잡을 동시 시행하는 경우 복잡만 산정한다.** (예 crown 제거+gi core 제거 시 crown제거만 산정) Single crown의 발치 시 수복물제거는 별도 산정 불가하다. 단, 보철물 제거 후 상태를 확인하여 발치가 이루어진 경우 각각 100% 산정	

2. 보철물 재부착(Recementation) 1치당(상병명 : T85.6 치과 보철물의 파절 및 상실)

- 기존 장착된 보철물이 탈락되어 다시 부착하는 경우 산정한다.

- 세멘트 재료대는 별도산정 불가하다.

- **Birdge의 경우 지대치에 한하여 산정한다.(cement을 바르는 부분만!)**

  ★보철물 제거의 경우 pontic도 산정 가능함.

- 임시치아의 경우 급여 산정 불가하다.

CHAPTER 11. 급여틀니 및 유지관리(1문제)

Section 1. 급여 틀니

- **만65세 이상** 건강보험 가입자 또는 피가입자
- 상악 또는 하악**(1악당)**
- **7년에 1회를** 원칙

  (단, 구강 상태가 심각하게 변화되어 새로운 틀니 제작이 필요할 경우 추가 1회)
- 상병명 : kO8.1 사고, 추출 또는 구한성 치주병에 의한 치아 상실
- **본인부담률 요양급여비용 총액의 30%,**

    의료급여 1종 5%, 2종 15% ,

    희귀난치성질환자 5%, 만성질환자 15%
- **틀니 재료**
  - 의치상 : 열중합형 의치상용 레진
  - 인공치 : 다중중합레진치아
  - 금속상 : 코발트크롬 금속류(gold, 티타늄 ×)

단계	레진상,금속상 완전틀니	부분틀니
1단계	진단 및 치료계획	진단 및 치료계획
2단계	인상채득	지대치 형성 및 인상채득
3단계	약관관계채득	금속구조물시적
4단계	납의치 시적	악간관계채득
5단계	의치장착 및 조정	납의치 시적
6단계		의치장착 및 조정

- 단계별로 산정함을 원칙으로 한다.
- 제작 도중 타병원으로 전원하는 것은 불가하다.
- 본인 부주의로 재제작할 경우 환자가 전액 본인부담해야한다.
- **Overdenture와 같은 특수 틀니는 급여 적용 불가**

Section 2. 급여 임시틀니

	임시 완전 틀니	임시 부분 틀니
산정기준	1악당	가. 3치 기준 나. 추가 1치당
공통점	» 임시 틀니만을 목적으로 시행하는 경우 산정 불가 » 보험 틀니 등록 시 추가 등록 신청하여야 한다. » 틀니 급여 유지관리는 산정 불가하다. 진찰료만 산정한다.	

급여 틀니 신청서		
변경	**취소**	**해지**
시술시작일, 요양기관기호, 의사면허번호 변경 **→ 병원과 관련한 것**	시술 부위, 틀니 종류 변경 **→ 틀니와 관련한 것**	환자 요청 **→ 7년간 급여 제한**

- 당일 등록 건은 취소가 가능
- 당일 경과 건은 공단으로 신청서를 작성하여 제출
- 등록 내역을 취소하고자 할 경우 시술이 시작되기 전에만 가능

Section 3. 틀니 유지관리

무상 유지관리	유상 유지관리
만 65세 이상 본원에서 틀니 제작한 대상자	만 65세 이상 완전틀니, 부분틀니 장착자 (급여 이전 틀니 장착자 포함) **단, 임시 틀니, 특수 틀니는 산정 불가**
틀니 장착 후 3개월 이내 6회까지 진찰료만!	**3개월 이내 6회 경과한 이후부터 적용**
상병명 : Z46.3 치과 보철 장치의 부착 및 조정	

급여 틀니 유지관리(유상) 1악당 기준				
의치조직면 개조	첨상(relining)	직접	악당	연 1회
		간접	악당	연 1회
	개상(rebasing)		악당	연 1회
	조직조정(Tissue Conditioning)		악당	연 2회
의치 수리	인공치 수리		**치아당**	연 2회
	인공치 조정		악당	연 2회
의치 조정	의치상 조정		악당	연 2회
	교합 조정	난순	익딩	연 4회
		복잡	악당	연 1회
클래스프 수리	단순		악당	연 2회
	복잡		악당	연 1회

1. 첨상(Relining) 연 1회

가. 직접법

나. 간접법

- **직접법 : 의치 내면 부적합이 존재**
  - 자가중합형 의치상용 레진을 이용하여 **진료실**에서 의치 내면을 개조
- **간접법 : 의치 내면 부적합 + 수직고경(vd) 상실**
  - **기능인상**을 채득하여 주모형을 제작, **교합기**에 장착한 후 적용

2. 개상(Rebasing) 연 1회

- **의치 내면 부적합 + 수직고경(vd) 상실 + 의치 변연 및 연마면의 조정**
  - **기능인상**을 채득하여 주모형을 제작, **교합기**에 장착한 후 적용

3. 조직조정 (Tissue Conditioning) 연 2회

- 의치 하방의 연조지에 **과도한 압박**이나 남용이 관찰되거나 **잇몸 염증**이 존재하는 경우
- 의치상 내면에 **연질 이장재**를 적용하여 일정 시간이 경과한 후 과량의 연질 이장재를 제거하는 경우

4. 인공치수리 (Artificial tooth repair) 연 2회

- 제 1치는 100%, 2치부터 소정점수의 50% 산정 (산정기준 "치당")

- 인공치의 마모, 탈락, 파절 등으로 인공치 교체나 형태 복원이 필요한 경우

- 자연치 상실로 새로운 인공치를 부착한 경우

5. 의치상수리 (Denture base repair) 연 2회

- 의치상용 레진을 이용하여 **부러진 의치**를 원래 형태로 **복원**하는 경우

6. 의치상조정 (Denture base adjustment) 연 2회

- 의치 사용으로 조직에 **궤양**이나 불편감이 존재하여 조직면, 연마면의 조정

- **압력 지시재를 사용**하여 과도한 압력 부위를 삭제한 후 의치 조정 (**예** fit checker 등)

7. 교합조정 (Occlusal adjustment)

가. 단순 연 4회

나. 복잡 연 1회

- **단순** : 경미한 교합오차로 **구강 내**에서 직접 교합조정을 시행

- **복잡** : 접촉 후 미끌림이 1mm 이상 존재하여 **인상채득 후 교합기**에 옮겨 교합조정

8. 클래스프 수리 (Clasp repair)

가. 단순 연 2회

나. 복잡 연 1회

- **단순** : **가공선**을 이용하여 파절된 클래스프를 **수리**

- **복잡** : **주조법**으로 파절된 클레스프를 **제작**

- 클래스프를 단순히 플라이어로 조여준 경우에는 진찰료만 산정합니다.

✓ 급여 틀니 유상 유지관리의 정의를 연결하는 문제가 시험에서 자주 출제됩니다.

✓ 급여 틀니 유상 유지관리의 횟수의 경우 복잡은 기공소를 보내야 하는 진료로 연 1회입니다.

　첨상, 개상을 제외한 진료는 연 2회입니다.

　단, 교합조정 단순은 연4회(글자 수로 암기)

✓ 인공치수리는 산정기준이 악당이 아니라 "치아당"입니다.

☑ 예상 문제

1. 의치 내면 부적합과 수직고경 상실, 의치 변연 및 연마면의 조정이 필요한 경우 (　　　) 이다.

2. 의치 하방의 연조직에 과도한 압박이나 잇몸 염증이 존재하는 경우 (　　　) 을 시행한다.

3. 가공선을 이용하여 파절된 클래스프를 수리하는 것은 클래스프 수리 단순으로 (연　　회) 이다.

4. 구강 내에서 직접 의치 조정을 시행한 교합조정 단순은 (연　　회) 이다.

5. 부러진 의치를 원래대로 복원하는 진료는 (　　　) 이다.

　　　　　　　　　　　　　　　답 **1.** 개상　**2.** 조직조정　**3.** 2　**4.** 4　**5.** 의치상수리

Section 1. 보존 및 보철치료

1. 치아 파절편 제거(Removal of tractured tooth fragment)

- 1치당
- 잇몸 부분에 부착되어 있던 치아 파절편을 제거하는 행위
- 마취료는 별도 산정 가능
- 파절편 제거 후 잔존 치아에 대한 치료는 100% 산정 가능

  (보통처치, 치아진정처치, 즉일충전, 치수치료 등)

2. 금속재 포스트 제거(Removal of metallic post) "re-endo"

- 1근관당
- 재근관치료를 하기 위해 근관 내의 post를 제거한 경우 산정

보철물 제거+근관 내 기존충전물 제거	보철물 제거+포스트 제거+근관 내 기존충전물 제거
100:100 산정	100:100:50 산정

📣 tip Re-endo 동시 시행 합격 Point

✓ 보철물제거 : 1치당
✓ 금속재 포스트제거, 근관내 기존충전물제거 : 1근관당
✓ 같은 근관당끼리 제거 시 주된 치료 100, 부수 치료 50
✓ 수가 비교 post제거 > 근관내 기존충전물제거 > 보철물 제거

3. 러버댐 장착

- 1악당

- 재료대 산정 불가

러버댐 산정 가능	러버댐 산정 불가
즉일충전처치, 충전처치, 발수, 근관확대, 근관성형, 근관세척, 당일발수근충, 치수절단	보통처치, 치아진정처치, 치수복조(임시처치), 응급근관처치 광중합형복합레진 치면열구전색

★러버댐 산정 가능 항목과 산정 불가 항목을 꼭! 알아두세요.

4. 전기치수반응검사(Electric Pulpal Test) "EPT검사"

- 1구강 1회당(여러 치아 검사해도 1회 청구)

- 치아우식증, 구강 연조직 질환, 외과, 치주질환 등에는 산정 불가

- 심평원에 장비신고대상

전기치수반응검사 적응증
① 외상으로 치수의 염증 의심 ② 치아 변색, 파절 ③ 치수염 의심 및 감별 진단

5. 파절기구의 제거(Removal of Broken Instruments)

- 1근관당

- 근관치료 중 근관 내에서 파절되어 제거가 어려운 file 등을 제거하는 경우 산정

- 동일 부위 파절기구 제거 후 근관치료를 시행한 경우 파절기구 제거 + 근관치료 각각 산정

6. 치수절단(Pulpotomy)

- 1치당
- 치수강 부위의 치수만을 절단, 치근부 치수의 생활력은 보존하는 시술
- 유치, 영구치
- 영구치의 치수절단 시 마취 필수(유치는 선택적)
- 치수절단 후 f.c cotton change, trio base, irm 임시충전의 경우 보통처치로 산정(2~3회 정도 인정한다.)
- 동일 치아 **치수절단＋충전＝각각 100%**

  (단, **치수복조＋충전**＝충전만! ★이름이 비슷해서 주의!!)
- 근단 병소가 있는 치아는 적용착오

🎉 tip 치수절단 상병명　　　　　　　　　　　　　　　　　　합격 Point

✓ K02.~ 우식 상병명

✓ K04.00 가역적 치수염

✓ K04.01 비가역적 치수염

7. 응급근관처치(Emergency Pulp Treatment)

- 1치당
- 급성 증상의 완화를 위하여 치수강 개방을 시행하는 행위
- 마취, 약 처방 별도 산정 가능
- 발수와 동시 시행 시 별도 산정 불가(→발수로 산정)
- **러버댐 산정 불가** (무진장 아프니까... 러버댐 끼면 더 아프겠죠?)

🎉 tip 응급근관처치 상병명　　　　　　　　　　　　　　　　합격 Point

✓ K04.4 치수기원의 급성 근단성 치주염

✓ K04.7 동이없는 근단주위 농양

8. 발수+근관와동형성(Pulp Extripation, Access Cavity Preparation) set

- 1근관당
- 유치, 영구치 모두 산정
- 발수가 완료된 날 1회 산정(발수가 완료되지 않을 경우 보통처치로 산정한다.)
- Barbed-Broach 사용 시 1근관당으로 산정(발수-바브드브로치 ㅂ-ㅂ 짝꿍!)
- 발수+근관세척=산정 불가
- 근관치료+치주치료=100:100
- 근관치료+구강내소염술=100:100
- 마취, X ray 산정 가능
  (진단목적의 X-ray촬영과 근관장측정을 위하여 촬영 시 각각 산정 가능→치근단 2매)

9. 근관장측정검사(Root Canal Length Measuring)

- 1근관당
- 유치, 영구치 모두 산정(유치는 선택적으로 인정)
- 치료기간 중 **3회** 인정
- Roox-zx 장비는 심사평가원에 장비신고 대상

10. 근관확대(Root Canal Enlargement)

- 1근관당
- 유치, 영구치 모두 산정(유치는 선택적으로 인정)
- 치료기간 중 **2회** 인정
- Reamer나 File을 사용한 경우 1회에 한하여 근관당으로 산정
- **NI-TI FILE**을 사용한 경우 1회에 한하여 **1치당**으로 산정 (기존 FILE과 NI-TI FILE을 동시에 사용한 경우 1종 1회만 인정)
- 발수와 동시에 근관확대를 실시한 경우 별도 산정 가능
- 유치의 경우 선택적으로 인정
  ① 감염된 근관인 경우
  ② 영구치의 교환 시기가 많이 남아있는 경우

11. 근관성형(Canal Shaping)

- **1근관당**
- 근관확대와 함께 2회 산정 가능(근관성형 단독으로 산정 불가!!)
- 원칙적으로 유치는 산정 불가

12. 근관세척(Root Canal Irrigation)

- **1근관당**
- 발수와 근관충전 당일에 실시한 근관세척은 별도 산정 불가
- 정해진 치료 횟수는 없으나 5회 이상일 경우 근단 농양 등의 사유가 있어야 한다.
- 근관세척＋구강내소염술＝각각 100%

13. 근관충전(Root Canal Filling)

가. 단순근관충전

나. 가압근관충전

- **1근관당**
- 발수와 근관세척 없는 근관충전은 보통처치로 조정

  (타기관 근관치료 후 도중에 내원 시 내역설명 필수!!)
- 유치의 근관충전은 단순근관충전으로 산정

  (단, 후속영구치의 선천적 결손인 경우 내역설명 후 가압근관충전으로 산정한다.)
- MTA 재료는 비급여로 인정한다.
- 치근단 촬영이 동반되는 것이 일반적.

14. 당일발수근충(One Visit Endodontics)

가. 영구치

나. 유치

- **1근관당**
- 당일 발수, 근관와동형성, 근관장측정검사, 근관확대, 근관성형, 근관세척, 근관충전

  모두 진행한 경우에 산정한다.
- 실활치 및 생활치 모두 산정 가능
- 치근단 촬영이 필수이다.
- **Barbed-Broach, Ni-ti file 재료대는 별도 산정 가능**

15. 근관내기존충전물제거(Removal of Old Root Canal Filling) "re-endo"

- 1근관당
- 마취, X-RAY 별도 산정 가능
- **발수는 산정 불가하다!!!**

  (예전 근관치료 시 발수됐기 때문에 근관와동형성부터 산정 가능)
- Ni-ti file 재료대는 별도 산정 가능(Barbed-Broach 산정 불가)
- 근관치료 완료 후 기간 상관없이 re-endo 청구 가능

  ★ 보철물 제거 + post 제거 + gp콘제기 동시 시행 시

보철물 제거+근관내 기존충전물제거	보철물 제거+포스트 제거+근관내 기존충전물제거
100：100 산정	100：100：50 산정

✒ tip 재근관치료 상병명   합격 Point

✓ K04.5 만성 근단 치주염

✓ K04.60~K04.63 동이 있는 근단주위농양

✓ K04.7 동이없는 근단주위 농양

✒ tip 근관치료   합격 Point

✓ set

  - 발수+근관와동형성

  - 근관확대 근관성형

✓ 산정 불가

  - 발수+근관세척

  - 근관충전+근관세척

✓ 산정기준

  - 발수+근관와동형성 1회

  - 근관확대, 근관성형 2회

  - 근관장측정검사 3회

  - 근관세척 5회(그 이상 내역설명)

  - 근관충전 1회

1. 근관세척과 동시에 산정할 수 없는 것은 (   ) (   )이다.

2. Ni-ti file은 file과 동시 산정 가능하다.   (   )

3. 치수절단의 경우 미성숙 영구치나 근단이 형성되지 않은 치아에 주로 시행한다.   (   )

4. 응급근관처치는 1치당으로 급성 질환의 증상 완화를 위해 시행한다. 이때, 러버댐은 산정 불가이다. (   )

5. 외상으로 치수 생활력 검사를 시행하였다. 앞니 4전치를 시행하였을 경우 횟수 4로 청구한다.   (   )

답 **1.** 발수, 근관충전   **2.** ×   **3.** ○   **4.** ○   **5.** ×

CHAPTER 13. 구강외과(6문제)

Section 1. 발치술

1. 유치발치

- **1치당**
- 성인의 잔존 유치도 유치발치로 산정한다.
- 마취료, x-ray 촬영 시 별도 산정 가능
- 유치 잔근치를 제거할 목적으로 치근 분리술을 시행한 경우 난발치로 산정한다.

2. 단순발치(Simple Extraction)

가. 전치

나. 구치

- **1치당**
- 발치 시 사용한 봉합사(silk) 별도 산정 불가
- **발치와 동시에 시행한 치조골성형술 높은 수가 100, 낮은 수가 50**
- 교정 치료를 목적으로 시행한 발치는 비급여이다.

  (단, 매복치, 치아 우식증과 같은 질병으로 인한 발치는 급여이다.)
- 근관치료 **당일** 예후불량으로 시행한 발치는 발치만 인정

  (단, 근관치료 도중, 치료 후 발치를 시행한 경우 이전 근관치료 100%, 발치도 100%)
- 치은판절제술 후 발치를 시행하면 발치만 인정

3. 난발치(Complicated Extraction)★ burr 가.

- 1치당
- 골유착, 치근만곡, 치근비대, 치근분리 등으로 인하여 치아분리술을 시행하여 발치한 경우 난발치로 청구한다.
- X-ray 촬영이 없는 경우 단순발치로 조정될 수 있다.
- Bur를 사용하였을 경우 burr (가) 항목

📌 **tip 난발치 상병명 ★짝꿍 상병명**　　　　　　　　　　　　　　　　　**합격 Point**

✓ K00.44 치아의 절렬 (만곡치)

✓ K03.5 치아의 강직증

4. 매복발치(Impacted Tooth Extraction)★ burr 가.

가. **단순매복(Simple)** : 단순 절개 후 발치

나. **복잡매복(Complex)** : 절개 후 치아 분할술을 시행

다. **완전매복(Complete)** : 치관의 2/3 이상 치조골 내 매복,

　　　　　　　　　　치아분할술과 골 삭제 동시에 시행

- **1치당**

- X-ray 필수, 없는 경우 난발치로 조정된다.

- Bur를 사용하였을 경우 burr (가) 항목

✏ tip 매복치 상병명　　　　　　　　　　　　　　　　　　　　**합격 Point**

✓ K01.1~ 매복 상병

- 매복치 발치 시 치조골성형술을 시행하였어도 행위료에 포함되어 별도로 치조골성형술 행위를 청구할 수 없습니다.

5. 과잉치발치(Supernumerary Tooth)

- **1치당**

- 과잉치는 인접한 치식을 선택하고 발치 난이도에 따라 발치료를 산정한다.

- 매복과잉치 발치 시 매복 정도 파악 위해 x-ray 필수이다.

  이때, 상병명은 K01.18 과잉매복치 상병을 적용한다. **(★짝꿍 상병명)**

6. 발치와재소파술(Recurettage of Extracted Socket)

- **1일 1회**

- 발치와에 염증이 생겨 발치와를 재소파하여 신선한 혈액으로 가득 차도록 하는 술식.

  Dry socket일 경우 시행한다.

- **발치 당일에는 산정 불가이다.**

- **유치는 산정 불가이다.**

- 마취는 필수이다.

- 타 치과에서 발치 후 내원하여도 산정 가능하다. 이때 내역설명은 필수이다.

- 일반적으로 1회만 시행하고 2회 이상은 내역설명을 기재한다.

- d/r은 수술 후 처치 (가) , 2-3회 정도 시행한다.

---

7. 치조골성형술(Alveoloplasty)★ burr 가 & 봉합사

- **1치당**
- 발치 후 치조골이 너무 뾰족하게 형성되는 경우 예리한 골편을 제거하고 성형하는 술식
- Bur를 사용하였을 경우 burr (가) 항목
- 봉합사를 사용하였을 경우 재료구입 신고 후 산정 가능

치조골 성형술 산정 기준	
단독으로 치조골 성형술을 시행	발치와 치조골 성형술 동시
100% 단독 청구 가능	단순 발치 + 치조골성형술 = 50 : 100 난발치 + 치조골성형술 = 100 : 50 (★수가 : 단순발치 < 치조골성형술 < 난발치)

🎉 tip 발치 　　　　　　　　　　　　　　　　　　　　　합격 Point

✓ 수가 : 단순발치 < 난발치 + burr 가. < 단순매복치발치 < 복잡매복치발치 < 완전매복치발치

🎉 tip Burr 가. 를 청구할 수 있는 항목 　　　　　　　　　합격 Point

✓ 난발치
✓ 매복치발치
✓ 치조골성형술
✓ 치근낭적출술(2급)
✓ 치근단절제술
✓ 치과임플란트 제거술-복잡(kit 사용)
✓ **3급 시험에서는 burr 가. 항목만 출제됩니다.**
✓ 2개 치아를 난발치를 시행하였고 burr를 2회 사용하였더라도 **정액수가이므로 1회만 산정**

Section 2. 그 외 구강외과 수술

1. 구강내소염술(Incision & Drainage : I&D)★봉합사

가. 치은농양, 치관주위농양 절개 등(incision of gingival abscess, pericoronal abscess)

나. 치조농양 또는 구개농양의 절개(incision of alveolar abscess or palatal abscsess)

다. 설 또는 구강저 농양 등

라. 악골골염 및 악골 골수염 등

✏ tip 구강내소염술   합격 Point

✓ **구강내소염술 가, 나 정도는 영어 이름도 알아두세요!**

  - 시험에서 영어 이름으로 진료 차트에 나오는 경우가 있습니다.

✓ **상병명은 반드시 동이 없는! 상병명입니다!**

  - K04.7 동이없는 근단주위농양

  - K05.20 동이없는 잇몸기원의 치주농양

- 1/2악당

- **다발성 농양으로 2개 이상 동시 시행 시 상, 하, 좌,우로 구분하여 주된부위 100%, 그 외 50% 최대 200% 산정**

- 구강 내 농양으로 절개 후 배농을 시행한 경우 산정

- d/r은 수술 후 처치 (가), 2-3회 정도 시행한다. 후처치가 없는 경우 심사 조정될 수 있습니다.

- **재시행하는 경우 기간 상관없이 100% 산정 가능(다음날도 100%)**

- 봉합사를 사용하였을 경우 재료구입 신고 후 산정 가능

I & d 동일 부위 동시 시술 시 산정기준
발치 + 구강내소염술 = 발치만 산정
발수/근관세척 + 구강내소염술 = 각각 100%
치석제거 + 구강내소염술 = 각각 100%
★파트가 다른 경우 100 : 100이라 생각해 주세요 (근관 + 외과 = 각각 인정)

2. 치은판절제술(Operculectomy)

✓ **치은판절제술 영어 이름**도 알아두세요!

– 시험에서 영어 이름으로 진료 차트에 나오는 경우가 있습니다.

✓ **치은판절제술 산정기준 vs 치관확장술 산정기준 꼭! 구분하세요**

✓ **상병명**

– K00.68~69 **맹출장애 상병명**

– K05.11 만성 증식성 치은염

– K05.22,32 치관주위염

- 치아 수 불문하고 1구강당
- 맹출장애로 인한 영구치의 치은판을 절제하거나 증식된 치은판을 절제하는 술식

치은판절제술 적응증
① 오래된 치아우식와동 상방으로 증식된 치은식육 제거 ② 파절된 치아 상방으로 증식된 치은식육 제거 ③ 치아 맹출을 위한 개창술 ④ 부분 맹출 치아 또는 유치의 우식치료를 위한 치은판 제거 ⑤ 급성 또는 만성 지치주위염 치아의 치관 상방을 덮고 있는 치은판 제거 ★연령과 상관없이 적응증에 해당하면 치은판 절제술로 산정한다.

- 치은판절제술 + 발치 = 발치만 산정한다.
- d/r은 수술 후 처치 (가), 2–3회 정도 시행한다.

   (★ 이름은 치주 파트 같지만 외과 파트에 속한다. 따라서 ≠ **치주후처치**)

3. 협순소대 & 설소대성형술★봉합사

가. 간단한 것 : 단순 절제

나. 복잡한 것(Z–plasty, Y–plasty) : 절제 후 모양

협순소대 성형술	설소대 성형술
상악 전치부의 경우 정중 치간이개의 원인 협측 소대의 경우 틀니 장착 시 장애	수유곤란, 발음장애, 치아 부정교합 등으로 개선을 목적으로 시행한다.
각 소대마다 산정한다.	
d/r은 수술 후 처치 (가), 2–3회 정도 시행한다. 봉합사를 사용하였을 경우 재료구입 신고 후 산정 가능	

4. 구강내열상봉합술★봉합사

가. 치은, 구강전정, 협부 Gingiva, Vestibule of Mouth, Buccal part

(1) 2.5cm 이하

(2) 2.5cm 초과

나. 혀, 구강저, 구개부 Lingual, Floor of Mouth, Palate

(1) 2.5cm 이하

(2) 2.5cm 초과

- 외상으로 인하여 구강 내 열상이 발생하였을 경우 산정한다.
- 미용성형을 목적으로 하는 봉합술은 산정 불가이다.
- 동일 부위 다발성 열상을 입은 경우 총 길이를 합산하여 1회만 산정한다.

  해당 치식이 없으므로 인접 치식으로 표시한다.
- d/r은 수술 후 처치 (가), 2-3회 정도 시행한다.
- 봉합사를 사용하였을 경우 재료구입 신고 후 산정 가능

5. 치아 재식술 & 탈구치아정복술

치아재식술(Replantation)	(아) 탈구치아정복술(Reduction of Luxated Teeth)
외상으로 치아가 완전히 이탈된 경우 치아를 제 위치에 재식시키는 경우 산정한다.	외상으로 치아가 위치가 변한 탈구된 치아를 제 위치에 정복시키는 경우 산정한다.
1치당	
근관치료 및 고정술 비용은 별도 산정 가능하다.	

✓ 두개 술식 정의 문제를 구분하는 문제가 시험에서 출제됩니다.

✓ 의도적치아재식술: 치아를 발치하여 치근단 부위 염증을 제거 후 재식립하는 것.
발치료는 산정할 수 없고 X-ray는 필수이다.
✓ 자가치아이식술: 제3대구치를 다른 치아에 이식하는 것으로 비급여이다.

6. 치근단절제술(Apicoectomy) ★burr 가

가. 전치

나. 구치

- **1치당**

- 치근단에 염증이 있으나 근관치료가 어려운 경우 외과적으로 잇몸을 박리 후 치조골을 삭제하여 치근단부를 제거하는 술식이다. 주로 전치에 많이 시행한다.

- Bur를 사용하였을 경우 burr (가) 항목

- X-ray 촬영 병행

- d/r은 수술 후 처치 (가), 2-3회 정도 시행한다.

- 시술 시 치근단을 역근관충전하는 치근단 폐쇄비용은 행위료에 포함되어 산정 불가

치근단 절제술 동시 산정 기준
치근단절제술＋당일발수근충＝각각 100%
치근단절제술＋근관충전＝각각 100%
치근단절제술＋치근낭 적출술＝주된 100%, 낮은수가 50%
★파트가 다른 경우 100：100이라 생각해주세요. (근관＋외과＝각각 인정) (외과＋외과＝100：50)

7. 상고정장치술

- **1악당**

- 연조직창상의 지혈을 위해 압박 용도, 동요치 고정, 창상 보호 등의 목적으로 시행한다.

- 주로 상악에 시행

- d/r은 해당 술식의 후처치로 산정한다.

- 재료대, 인상채득, 장치제작 및 장착료는 행위료에 포함되어 산정 불가

- 장치 장착 날에 청구한다.

8. 수술 후 처치

가. 단순처치

- **1일당**

- 구강외과 처치 후 d/r나 s/o과 같은 간단한 처치를 하는 경우

- 일반적으로 2~3회 인정한다.

- 발치 전 동통을 제거하기 위한 d/r, 치은염 처치 같은 간단한 연조직 처치료는 "진찰료"

- 동일 악 중 1/3악 또는 동일 악 중에 연결된 1/3악 범위 내(인접 3~4개 치아) 치주치료 후처치와 수술 후 처치 동시 산정 불가 "주된 처치 1개만"

📣 tip 수술 후 처치   합격 Point

✓ 3급 범위에서는 가. 단순처치만 해당 됩니다.

📣 tip 구강외과   합격 Point

✓ Burr 가. 인정
  - 난발치
  - 매복치발치
  - 치근단절제술
  - 치과 임플란트 제거술 나. 복잡
✓ Silk 산정 가능
  - 구강내소염술
  - 협순소대&설소대성형술
  - 구강내 열상 봉합술
✓ Burr 가 & Silk 동시 산정 가능
  - 치조골성형술

🖊 예상 문제

1. 치조골 성형술은 burr 가. 만 산정 가능하다.   (   )
2. #48 치아 매복되어 있어 절개 후 치아 분할술을 시행하였다. 이때 (   ) 로 청구한다.
3. 치근단 절제술은 유치와 영구치 모두 산정 가능하다.   (   )
4. 치은판 절제술 후 실시한 d/r은 치주치료 후처치 가.로 산정한다.   (   )
5. 구강내소염술의 경우 k04.6 동이 있는 근단주위 농양 상병명을 사용한다.   (   )

답 1. ×   2. 복잡매복   3. ×   4. ×   5. ×

CHAPTER 14. 치주질환(5문제)

1. 치면세마

- **1/3악당**
- 소아나 특수 환자의 치주질환 처치 시 러버컵 등으로 치면을 부드럽게 연마하는 술식
- 유치의 경우 치은염의 치료 목적으로 시행한다.
- 간단한 연조직 질환 처치는 "기본 진찰료"
- 1-2개 치아에 치면세마를 시행한 경우 50%만 산정
- 전악 시행 시 **4회로** 산정

E D C B A	A B C D E
E D C B A	A B C D E

2. 치주낭측정검사

- **1/3악당**
- Probe를 잇몸 안에 삽입하여 깊이를 측정하는 것
- 최소 2면 이상 mm 단위로 기록한다.
- 1-2개 치아 시행 시 50%만 산정한다.(24.03.01 고시변경)
- 전악 시행 시 **6회로** 산정
- 1/2악 시행 시 150%(**1.5회**로 산정)
  - 예 #10번대 probing 시 1.5회

  - 예 #24, 25 시행 시 0.5회

3. 치석제거(Scaling)

가. 치석제거(1/3악당)

나. 치석제거(전악) : 연1회

가. 치석제거(1/3악당)	나. 치석제거(전악) : 연1회
» 부분 치석제거를 시행 » 치주 수술이 계획된 환자의 전악 치석제거 시 　(단, 1일 전악 시술하는 것이 원칙) » 치주 수술 전처치로 치석제거를 시행할 경우 　환자 미내원 시 반드시 내역설명을 기재한다. » 후처치는 치주치료 후 처치 가. 산정 » 동일 부위 치석제거 + 교합조정 = 각각 100%	» 후속 치료 없이 전악 치석제거만으로 　치료가 종결되는 경우 연1회 산정 가능 » 만 19세 이상 성인 대상 » 매년 1월 1일 ~ 12월 31일 기준

- **가. 치석제거(1/3악당) 횟수 계산 예시**

  - 구치부(1~2개) 전치부(1~3개) 치아 시행 시 50%만 산정한다.

  - 전악 시행 시 **6회**로 산정

    1/2악 시행 시 150%(**1.5회**로 산정)

  - 예 #10번대 부분 scaling 시 1.5회

7 6 5 4 3 2 1	

  - 예 #34, 35 부분 scaling 시 0.5회

	4 5

  - 예 #44, 45, 46, 47 부분 scaling 시 1회

7 6 5 4	

🖊 tip 치석제거 (1/3악당) 횟수 계산　　　　　　　　　　　　　　　합격 Point

✓ 치주낭 측정검사와 치석제거 횟수 계산 방식이 같습니다.

- 가. 치석제거(1/3악당) **재시행** 산정기준

3개월 이내	치주치료 후처치 (가)
3개월 초과~6개월 이내	치석제거 50%
6개월 초과	치석제거 100%

치석제거 비급여 대상
① 구취 제거 목적 ② 치아 착색물 제거 ③ 교정 및 보천 목적 ④ 구강보건증진차원

4. 치근활택술(Root planning) & 치주소파술(Curettage) 1/3악당 기준

	치근활택술(Root planning)	치주소파술(Curettage)
정의	» 치근 부위 침착된 치석이나 세균의 독소 등을 제거 치근면을 부드럽게 처리하는 술식	» 치주낭 내면의 치석과 염증조직을 국소마취 후 제거하는 것
차이	» 1일 최대 1악(3회) » 치석제거 전처치 없이도 시행 가능(급성, 만성) » X-ray, 마취, 치주낭 측정검사 별도 산정 가능	» 반드시 전처치가 필요(만성) » 반드시 마취 후 시행 » 동일부위 치근활택술+치주소파술=Cu만

- 치근활택술 & 치주소파술 횟수 산정기준

  - **1/3악당 1개 치아 시행하여도 100% 산정 가능(치주낭측정검사, 치석제거 가. 차이점)**

- 치근활택술 & 치주소파술 **재시행** 산정기준

1개월 이내	치주치료 후처치(가)
1개월 초과~3개월 이내	행위료 50%
3개월 초과	행위료 100%

5. 치은박리소파술(Flap Operation) 1/3악당 기준 ★봉합사

가. 단순

나. 복잡(+골 성형술, 골 삭제술 동반)

- 절개 후 잇몸을 박리하여 치근이 노출된 상태로 치석과 감염 조직을 제거하고 치조골을 원래 형태로 비슷하게 형성 후 봉합하는 시술
- 반드시 전처치가 동반 되어야한다.
- X-ray 및 치주낭측정검사, 마취, 약 처방, 치주치료후처치가 동반 되어야한다.
- 1-2개 치아 이하에 1/3의 골흡수 양상으로 치은박리소파술을 시행하는 경우 치은박리소파술 가. 간단으로 인정하지만 1-2개 치아 이하라도 치근 분지부에 수직성 골흡수가 확인된 경우에는 치은박리소파술 복잡으로 인정한다.
- 치과 임플란트 치아주위염으로 실시할 경우에도 인정된다.
- d/r은 치주치료 후처치 나. 로 산정한다.
- 봉합사를 사용하였을 경우 재료구입 신고 후 산정 가능
- **치은박리소파술 재시행 산정기준**

6개월 이내	치은박리소파술 50% 산정
6개월 이후	치은박리소파술 100% 산정

🖍 **tip 치은박리소파술 동시산정**　　　　　　　　　　　　　　　　　**합격 Point**

- ✓ 치은박리소파술 + 발치 = 높은 수가 100% 낮은 수가 50%
- ✓ 치은박리소파술 + 임플란트제거술 = 높은 수가 100% 낮은 수가 50%
- ✓ **치은박리소파술 + 치조골성형술 = 치은박리소파술 나. 복잡**

---

6. 치은절제술(Gingivectomy) 1/3악당 기준 ★봉합사

- 치주질환에 의해 치은이 증식하였을 경우 절제 후 봉합 해주는 술식
- 마취 후 시행한다.
- 치은 증식 또는 치은 비대에 실시한 경우 산정한다.
- d/r은 치주치료 후처치 나. 로 산정한다.
- 봉합사를 사용하였을 경우 재료구입 신고 후 산정 가능

✎ **tip** 치은절제술   **합격 Point**

✓ 치은 비대가 원인이기 때문에 상병명은 K05. 치주 상병이 되어야 합니다.

✓ **상병명**

- K05.11 증식성 만성 치은염
- K05.30 만성 단순 치주염
- K05.31 만성 복합 치주염
- K06.10 치은섬유종증
- K06.18 기타 명시된 치은 비대

7. 치관확장술(Crown Lengthening)★봉합사

가. 치은절제술(clp)

나. 근단변위판막술

다. 근단변위판막술 및 치조골삭제술

- **1치당**

- 치아우식, 치아파절 등으로 충전이나 보철 치료를 시행하기 어려운 경우

- 치관의 길이를 연장하는 술식이다.

- **전처치가 없이도 산정 가능하다.**

- d/r은 치주치료 후처치 나. 로 산정한다.

- 봉합사를 사용하였을 경우 재료구입신고 후 산정 가능

✎ **tip** 치관확장술   **합격 Point**

✓ 치주파트이지만 **1치당** 산정이다.

✓ 치주파트이지만 상병명은 치주 상병명이 아니다.

✓ **상병명** K02~ 우식 상병명이나 K04~ 근관치료 상병명이 주로 쓰인다.

✓ **치관확장술과 치은판절제술의 산정기준이 섞여서 시험에 자주 출제됩니다.**

8. 잠간고정술(Temporary Splinting)

  가. 3치 이하

  나. 4치 이상

  - **1악당**

  - 불완전 치아 탈구 또는 치주질환으로 치아가 흔들릴 경우 여러 개의 치아를 묶어서

  - 임시적으로 고정시켜주는 술식이다.

  - Wire와 복합레진 또는 복합레진만으로 고정하는 경우 산정한다.

  - d/r은 치아 동요의 원인이 되는 후처치를 산정한다.

합격 Point

✓ 잠간고정술 + 교합조정 = 잠간고정술 100% 교합조정 50%

9. 치주치료후처치(Temporary Splinting) 1구강 1회당

  가. 치석제거, 치근활택술, 치주소파술 후

  나. 치주수술 후(가. 이외의 경우)

  - **1구강 1회당**

  - 치주 수술 후 d/r나 s/o와 같은 간단한 처치를 하는 경우

  - 일반적으로 2~3회 인정한다.

  - 동일 악 중 1/3악 또는 동일 악 중에 연결된 1/3악 범위 내(인접 3~4개 치아)

  - 치주치료 후처치와 수술 후 처치 동시 산정 불가 "주된 처치 1개만"

치주치료후처치 가. 대상	치주치료후처치 나. 대상
스케일링 가. 1/3악당	치은박리소파술
치근활택술, 치주소파술	치은절제술
	치관확장술
	치주 원인인 잠간고정술

✓ **외과 파트**
- 치조골성형술
- 구강내소염수술
- 협순소대&설소대성형술

✓ **치주 파트**
- 치은성형술
- 치은절제술
- 치은박리소파술

📝 예상 문제

1. 치관확장술 시 상병명은 K.05.11 증식성 만성 치은염 사용한다. 　　　　　　　　　　（　　　）
2. 치은박리소파술과 치조골성형술을 동시에 시행할 경우 각각 100% 산정 가능하다. 　　　　（　　　）.
3. 잠간고정술의 후처치는 치주치료후처치 나. 이다. 　　　　　　　　　　　　　　　　（　　　）
4. #11 치은절제술 시행 후 3개월 이후 재시행할 경우 100% 산정 가능하다. 　　　　　　（　　　）
5. 치관확장술은 1/3악당 산정한다. 　　　　　　　　　　　　　　　　　　　　　　　（　　　）

　　　　　　　　　　　　　　　　📖 1. × 　2. × 　3. × 　4. ○ 　5. ×

Section 1. 급여 임플란트

- **만65세 이상** 건강보험 가입자 또는 피가입자
- 상악 또는 하악의 부분 무치악
- **1인당 최대 2개**
- **상병명 : k08.1 사고, 추출 또는 국한성 치주병에 의한 치아 상실**
- **본인부담률 요양급여비용 총액의 30%**

    의료급여 1종 10% 2종 20%

    희귀난치성질환자 10% 만성질환자 20%

- **임플란트 재료** : 분리형 식립재료(≠일체형)

  – 보철수복 : pfm crown(비귀금속도재관) or zirconia(지르코니아) (25.02 신설)

단계	보험 임플란트	재료대 청구
1단계	진단 및 치료계획	
2단계	고정체 식립술	고정체 산정
3단계	보철 수복	지대주 산정

- "단계별 묶음 수가 방식"으로 단계별로 산정함을 원칙으로 한다.
- 청구는 각 진료단계 종료 시 청구한다.
- 제작 도중 타병원으로 전원 하는 것은 불가하다.

✎ tip 임플란트 비급여 대상   합격 Point

✓ 완전 무치악 환자에게 시술

✓ 상악골을 관통하여 관골에 식립하는 경우

✓ 일체형 식립재료로 시술

✓ 보철 수복 재료를 pfm이나 zirconia 이외의 재료로 시술 (예 gold crown) (25.02월 변경)

✓ 골이식술 및 상악동 거상술

✓ Custom abutment

✓ cover screw나 healing abutment는 별도로 산정 불가이다.

Section 2. 임플란트 신청서

급여 임플란트 신청서			
시술 중지	변경	취소	해지
2단계 시술 실패 요양기관 폐업 **→3단계 비용 청구 전 가능**	시술 시작일, 요양기관기호, 의사면허번호 변경 **→병원과 관련한 것**	치식 등록내역 취소 **→임플란트와 관련한 것**	환자 요청 **→개수 차감**

- 당일 등록 건은 취소가 가능
- 당일 경과 건은 공단으로 신청서를 작성하여 제출

Section 3. 임플란트 유지관리

무상 유지관리	3개월 기간 초과
만 65세 이상 본원에서 임플란트시술 대상자	임플란트 주위염 등으로 치주질환 처치→**급여** (**예** 스케일링, 치주소파술 등)
보철 장착 후 3개월 이내 횟수 제한 없이 진찰료만! ★의료급여는 건강생활유지비 차감	보철 관련 유지관리→**비급여** (보철 파절, 음식물 끼임으로 contact 수정)
상병명 : Z46.3 치과 보철 장치의 부착 및 조정	

📣 **tip 임플란트 보철 유지관리 항목**　　　　　　　　　　　　　　　　**합격 Point**

✓ 지대주 나사 풀림 또는 파절

✓ 보철물 도재 파절

✓ 인접 치아 사이에 음식물 끼임 현상

✓ 지대주 파절

　→ 보철 수정 및 재제작은 비급여 항목입니다.

Section 4. 임플란트 재수술(고정체 식립술 재수술)

- 동일 의료기관에서 2단계 시술 후 골유착 실패로 재식립술을 하는 경우

  1회에 한하여 2단계 고정체 식립술 행위료 50% 산정
- 사용한 고정체 재료대는 100% 산정 가능(단, 고정체 제거술은 별도 산정하지 않는다.)
- **3단계 보철이 올라가고 나서 실패한 것은 청구할 수 없어요!!**

Section 5. 임플란트 제거술

가. 단순

나. 복잡+★burr (가)

임플란트 제거술 (가) 단순	임플란트 제거술(나)복잡
임플란트 주위염으로 **동요도**가 있는 경우	동요도가 없는 임플란트 파절, 신경 손상 등으로 **trephine bur** 또는 **전용 kit**를 사용해 제거

- **보철수복까지 완료된** 임플란트 제거 시 산정 가능
- 필요 시 마취, 방사선 별도 산정 가능(임플란트 fail 시 청구 불가)
- 연령 상관없이 임플란트 제거 시 산정한다.
- 동일 부위 임플란트 제거술+치조골 성형술=청구 불가
- 동일 부위 임플란트 제거술+치은박리소파술=높은수가 100%, 낮은수가 50%
- 임플란트 제거술 나. 복잡 시행 시 사용한 burr는 burr 가. 항목으로 청구

✏ tip 임플란트   **합격 Point**

✓ 보험 임플란트 vs 비급여 임플란트 항목을 구분하는 문제가 나옵니다.

✓ 임플란트 산정기준을 기억해 두세요.

☑ 예상 문제

1. 보험 임플란트 식립 후 골유착 실패로 fixture를 제거하였다. 이 경우 임플란트제거술 청구가 가능하다. (　　　)

2. 보험 임플란트의 보철물은 귀금속 도재관이다. (　　　)

3. 보험 임플란트 후처치는 수술후처치 가. 이다. (　　　)

4. 보험 임플란트는 1인당 평생 2개까지이다. (　　　)

5. 보험 임플란트는 분리형 식립 재료로 심어야 인정된다. (　　　)

답 1. × 　 2. × 　 3. × 　 4. ○ 　 5. ○

치과보험청구사 3급

실전 모의고사
1회~5회

모의고사 1회차

01. 건강보험 환자가 치과 병원에서 진료를 받는 경우 요양기관 종별 가산율은 어떻게 되는가?

① 2%
② 5%
③ 11%
④ 15%
⑤ 가산 ×

02. 가산율에 대한 설명 중 옳지 <u>않은</u> 것을 고르시오.

① 만 6세 미만 소아의 경우 파노라마를 촬영 시 10%의 가산이 적용된다.
② 만 8세 미만 소아의 경우 즉일충전처치 시 30%를 가산 적용한다.
③ 만 70세 이상의 노인의 경우 마취료의 30%를 가산한다.
④ 만 1세~만 6세 미만의 경우 초진료 10.89를 가산 적용한다.
⑤ 만 6세미만의 소아의 경우 마취 시 30%를 가산한다.

03. 진료비 구성요소에 대한 설명으로 옳지 <u>않은</u> 것은?

① 기본진찰료는 초진료와 재진진찰료를 뜻한다.
② 진료행위가산율은 요양기관 종별로 가산율이 다르다.
③ 약제수가는 진료에 사용한 리도카인 앰플등을 뜻한다.
④ 재료대는 진료행위에 사용된 zoe와 같은 것을 말한다.
⑤ 진찰료의 야간가산은 평일 18시부터이다.

04. 치과의원에서 만 70세 이상 건강보험 환자가 내원하여 진료비가 총 18,000원이 나왔다. 이때 본인 부담금은 얼마인가?

① 1,000원
② 1,500원
③ 1,800원
④ 2,000원
⑤ 3,600원

05. 치과의원에서 만 65세이상 의료급여 환자가 내원하여 약처방만 받았을 때 본인부담금은 얼마인가?

① 1,000원
② 1,500원
③ 2,000원
④ 총 진료비의 10%
⑤ 총 진료비의 15%

06. 의료급여 1종 수급권 중 대상이 다른 하나는?

① 18세 미만인자
② 임신부
③ 행려환자
④ 등록 중증질환자
⑤ 선택의료기관 이용자

07. 건강생활유지비에 대한 설명 중 옳지 <u>않은</u> 것은?

① 1종 수급권자에게 1인당 월 6,000원이 현금으로 지급된다.
② 의료급여 환자는 당일 승인작업을 진행하여야한다.
③ 건강생활유지비 잔액이 남아있을 경우 의무적으로 선차감제가 시행된다.
④ 사용 후 남은 잔액은 가상계좌에 누적되어 다음해에 수급권자에 현금으로 지급된다.
⑤ 의료급여 환자는 청구 시 진료확인번호가 기재되어야한다.

08. 빈칸에 들어갈 본인부담금에 해당하는 것은?

> 만 8세 건강보험가입환자가 치과 병원에서 진료를 받은 경우 (   )%이다.

① 10%
② 15%
③ 20%
④ 30%
⑤ 40%

09. 기본진찰료로 산정하는 경우가 <u>아닌</u> 경우는?

① 구내염 등에 연고나 약물을 도포한 경우.
② 틀니 클래스프 고리를 기구를 사용해 살짝 조인 경우
③ 치아가 파절되어 버를 사용해 살짝 간 경우
④ 처방전만 발행하는 경우
⑤ 구강진단 및 치료계획 수립 시

10. 초재진료에 대한 설명으로 옳지 <u>않은</u> 것을 고르시오.

① #14-17 스케일링 후 30일 이후 내원하여
　 #14-17 치근활택술을 한 경우 재진으로 산정한다.
② 성인 구강검신 후 낭일 치료가 들어가면
　 진찰료의 50%만 산정한다.
③ 4/15일 처음 내원하여 사랑니 발치위한 파노라마 촬영
　 5/15일 내원하여 사랑니 발치 시 재진으로 산정한다.
④ 1/10일 내원하여 #46 발수 후 내원 중단하였다가
　 4/15일 내원하여 #46 근관세척을 진행하였다.
　 이 경우 초진으로 산정한다.
⑤ 타 치과에서 발치 후 본원에 처음으로 내원하여
　 s/o을 진행하였다. 이 경우 초진으로 적용한다.

11. 처방전에 대한 설명으로 옳지 <u>않은</u> 것을 고르시오.

① 진찰료 중 외래관리료에 포함된다.
② 약국과 교부번호가 일치하여야한다.
③ 일률적 항생제, 소화제 처방을 지향한다.
④ 비급여 진료 시 비급여 처방전을 발행한다.
⑤ 같은 효과면 가능한 저가의 약으로 처방한다.

12. 처방전 구분이 다른 하나를 고르시오.

① 보험 임플란트 식립 후 처방전
② 자가치아이식술 시행 후 나간 처방전
③ 교정 치료 중 사랑니 우식으로 발치한 경우
④ 치주염으로 동요도가 있는 치아를 레진으로 고정한 경우
⑤ 동이없는 근관주위농양으로 구강내소염수술을 시행

13. 상병명과 처치가 바르게 연결된 것은?

① K08.81 불규칙한 치조돌기 - 치조골성형술
② K04.80 근단 및 외측의 치아 뿌리낭 - 치수절단
③ Z29.8 기타 명시된 예방적 조치 - 광중합형 복합레진
④ K04.62 구강으로 연결된 동이있는 근단주위 농양
　 - 구강내 소염술
⑤ T85.6 치과보철물의 파절 및 상실 - 급여 완전틀니 유지
　 관리

14. 40세 환자가 내원하여 #34-37 치근활택술을 시행, 적용할 수 없는 상병명을 고르시오.

① k05.31 만성복합치주염
② k05.28 기타 명시된 급성 치주염
③ k04.5 만성 근단 치주염
④ k05.18 기타 명시된 만성 치은염
⑤ k05.22 급성 치관주위염

15. 근관치료 시 항생제 처방이 가능한 상병명은?

① k04.00 가역적 치수염
② k04.01 비가역적 치수염
③ k04.4 치수기원의 급성 근단 치주염
④ s02.54 치수침범이 있는 치관 파절
⑤ k02.8 기타 치아 우식

16. 상병명과 처치로 옳지 <u>않은</u> 것을 고르시오.

① k04.7 동이없는 근단주위농양 - 구강내소염수술
② k04.01 비가역적 치수염 - 발수
③ z29.8 기타 명시된 예방적 조치 - 치면열구전색
④ k04.80 근단 및 외측의 치근낭 - 치수절단
⑤ k02.8 기타 치아 우식 - 광중합형복합레진

17. 상악중절치가 외상으로 인해 치아가 완전 탈구되어 내원한 경우 시행할 수 있는 진료행위는?

① 치아재식술　　　　② 자가치아이식술
③ 탈구치아정복술　　④ 잠간고정술
⑤ 치관확장술

18. 50세 환자가 #46 치아가 치은농양이 생겨 절개 후 배농을 시행하였다. 이 술식의 산정기준 중 옳지 **않은** 것은?

① 시술 후 d/r는 수술후처치(가)이다.
② 발치와 구강내소염수술 동시에 할 경우 발치만 산정한다.
③ 당일 2개소 이상 부위에 동시시행한 경우 상하좌우 구분주된 부위 100% 그 외 부위 50%씩 산정하여 최대 200%까지 산정한다.
④ 사용한 봉합사는 산정 불가하다.
⑤ 재시행 하는 경우 기간 상관없이 100%이다.

19. 다음 보기의 내용 중 가장 적절하게 산정한 것은?

① 외상으로 #13~#23까지 전기치수검사를 시행하였을 경우 횟수 6으로 산정한다.
② #14, 15, 16, 17 치경부에 se-bond를 사용하였을 경우 횟수 4로 산정한다.
③ #35 농양으로 구강내소염수술과 발수를 동시에 산정하였을 경우 각각 산정 가능하다.
④ 영구치 맹출을 위해 #36, 46 치은판 절제술을 시행한 경우 횟수 2로 산정한다.
⑤ 외상으로 인해 구강내 열상이 발생하여 봉합술을 시행 이 경우 총 길이를 합산하여 1회만 산정 가능하고 1.5cm 기준이다.

20. 다음 보기에서 비급여 진료행위로 바르게 묶인 것은?

가. 교합음도검사	나. 치관노출술
다. 의도적치아재식술	라. 관절음도검사
마. 자가치아이식술	

① 나, 다, 라
② 가, 나, 다
③ 가, 나, 마
④ 나, 라, 마
⑤ 가, 나, 다, 라, 마

21. 다음은 치태조절교육에 대한 설명이다. 옳지 **않은** 것을 고르시오.

① 치아우식, 치주질환에 대하여 교육, 상담을 진행한 경우 산정한다.
② 교육은 치과의사 또는 치과위생사가 실시한다.
③ 교육이 원활하게 진행되기 위해 별도의 교육공간이 있어야한다.
④ 교육프로그램은 전 과정을 포함한 비용을 1회 산정한다.
⑤ 소아환자 등 환자가 독립적으로 교육받기 곤란하여 보호자에게 실시한 경우 비용을 별도 산정할 수 없다.

22. 마취에 대하 설명으로 옳지 **않은** 것을 고르시오.

① #54 치아의 후상치조신경 전달마취 산정이 가능하다.
② 치수강 마취, 치수 내 직접 마취는 침윤마취로 산정한다.
③ #48 매복치 발치 시 전달마취와 침윤마취 동시에 시행 시 주된 마취인 전달마취만 산정한다.
④ 하치조신경 전달마취는 1/2악당으로 산정한다.
⑤ #46, 26 침윤마취 시 마취 행위료는 2회로 산정한다.

23. 마취에 대한 설명으로 옳은 것을 고르시오.

① 표면마취는 산정 가능하다.
② 마취료는 마취료 + 약제료 + 의약품관리료로 구성된다.
③ 만 6세미만 소아의 마취 시 마취 소정금액 30%를 가산.
④ 하악 유구치에 전달마취를 시행하였어도 침윤마취로만 산정한다.
⑤ 마취 시 사용한 앰플은 재료신고 하여야한다.

24. 방사선 촬영에 대한 설명으로 옳지 <u>않은</u> 것은?

① 디지털촬영장치(DR)을 이용한 경우 치근단촬영판독료
만 산정 가능하다.

② 당일발수근충시 동일부위 진단, 근관장측정검사,
근관충전 시 3번 치근단 촬영을 하였다.
이 경우 동시 3매로 청구한다.

③ 정확한 진단을 위하여 파노라마, 치근단 촬영을 동시에
시행하였다. 이 경우 각각 100% 청구 가능하다.

④ 방사선 촬영이 없는 근관치료는 보통처치로 조정될 수
있다.

⑤ 악관절 확인을 위해 촬영한 파노라마 촬영 나.(특수)는
파노라마촬영 가.(일반)과 각각 청구 가능하다.

25. Cone Beam CT 촬영 산정기준으로 옳지 <u>않은</u> 것은?

① 통상적인 근관치료 시 비정상적으로 계속적인 동통을
호소하는 경우

② 제3대구치의 경우 치근단, 파노라마 촬영 등에서
하치조관 또는 상악동과 치근이 겹쳐보여
발치의 위험도가 높은 경우

③ 치아나 치조골의 급성외상에 의한 치아의 함입등으로
계승 치아에 영향을 미치는 영향이 있을 경우

④ 타액선 결석

⑤ 2치관 이상의 치근낭

26. 파노라마 촬영 산정할 수 있는 경우를 모두 고르
시오.

> 가. 만 5세 환자가 #11,21 영구치가 맹출 하지 않은 경우
> 나. #38 매복된 상태 확인하기 위해 촬영한 경우
> 다. 심한 구토반사로 구내촬영이 불가능한 경우
> 라. 치아 사이 인접면 충치나 초기 치주질환의 진행
> 여부를 파악하기 위해
> 마. 만 70세 환자 급여 틀니 진단 목적으로 촬영한 경우

① 가, 나, 다

② 가, 나, 다, 라

③ 나, 다

④ 나, 디, 리

⑤ 가, 나, 다, 라, 마

27. 충전치료에서 와동에 따른 면수 산정 적용으로
옳지 <u>않은</u> 것은?

① o&o = 1면

② mo+do = 3면

③ mod = 3면

④ mo+o = 2면

⑤ mo+b = 3면

28. 지각과민처치 (가), (나)에 대한 설명으로 옳지 <u>않</u>
<u>은</u> 것은?

① 지각과민처치는 1일 6치까지 산정할 수 있다.

② 4/10 지각과민처치 (가)를 산정하고 4/17일 지각과민처
치 (나)를 시행하였을 경우 각각 산정 기능하다.

③ 스케일링 이후 치아시림을 호소하셔서 key laser를 시
행 이 경우 지각과민처치 (나)로 산정가능하다.

④ 동일 치아 지각과민처치 (가)와 (나)를 동시 시행하였다.
이 경우 지각과민처치 (나)를 산정한다.

⑤ #11~14치아 se-bond를 도포하였을 때 산정횟수는 1.60이다.

29. 틀니 유지관리에 대한 설명 중 옳은 것을 고르시오.

① 무상 수리기간은 틀니 장착 후 3개월 이내 무제한이다.

② 상병명은 T85.6 치과보철물의 탈락 및 상실을 적용한다.

③ 의치 하방의 연조직에 과도한 압박이 존재하는 경우
연질 이장재를 적용하여 과량의 연질 이장재를 제거하
는 행위는 의치상 조정이다.

④ 만 65세 이상인 경우 해당 요양기관에서 제작한 틀니 및
타치과 제작한 틀니의 경우에도 산정 가능하다.

⑤ 압력지시재를 사용하여 과도한 압력부위를 삭제한 후
의치 내면을 조정하는 경우 조직 조정이다.

30. 치관수복물 또는 보철물 제거 및 재부착에 관한
설명 중 옳지 <u>않은</u> 것을 고르시오.

① 보철물 재부착에 사용한 재료대는 산정할 수 없다.

② 당일에 #26 gold crown과 아말감 코어를 동시에
제거한 경우 각각 산정할 수 있다.

③ #24xx27 보철물이 탈락하여 재부착한 경우 2회로 산정.

④ 브릿지 제거 시 지대치와 지대치 사이 pontic은 개수
상관 없이 1로 산정한다.

⑤ 임시치아가 탈락되어 재부착한 경우 산정할 수 없다.

31. 보통처치에 해당하지 <u>않는</u> 경우는?

① 치수강을 개방한 경우
② 치아가 파절되어 살짝 갈아낸 경우
③ 발치를 완료하지 못해 중단한 경우
④ 근관치료 중 통증을 호소하여 교합면을 갈아낸 경우
⑤ 근관치료 중 caviton이 탈락되어 재충전한 경우

32. 충전치료에 대한 설명으로 옳지 <u>않은</u> 것은?

① 아말감 충전의 충전물 연마는 당일 산정 가능하다.
② 즉일충전처치는 1치 1회당 산정 가능하다.
③ #35 cervical과 교합면 당일 와동을 형성하여 충전을
　완료하였다. 이때 즉일충전처치 1회만 산정 가능하다.
④ 복합레진의 재료대는 면당 산정한다.
⑤ 4/14일 #46 교합면 아말감 즉일충전 후
　5/12일 동일 치아 재충전 하였다.
　이 경우 행위료 50%, 재료대 100% 산정 가능하다.

33. 교합조정술에 관한 설명이다. 옳은 것을 고르시오.

① 1일 6치까지 산정 가능하다.
② 교합지를 사용하지 않아도 산정 가능하다.
③ 치석제거와 동시 시행 시 각각 100% 산정 가능하다.
④ 근관치료를 하는 치아에도 산정 가능하다.
⑤ 외상성 교합으로 인해 과도한 치아동요가 있는 경우
　산정 불가하다.

34. 근관세척과 동시에 산정 가능한 진료는?

① 발수　　　　　　② 근관내기존충전물제거
③ 근관충전　　　　④ 응급근관처치
⑤ 치수절단

35. 재근관치료 시 산정기준에 대한 설명으로 옳지 <u>않은</u> 것은?

① 재근관치료는 기간 상관없이 100% 산정 가능하다.
② 근관내기존충전물제거는 발수부터 산정 가능하다.
③ 근관내기존충전물제거는 근관당 산정 가능하다.
④ #47 pfm 크라운 제거와 gutta percha cone 제거 시
　각각 100% 산정 가능하다.
⑤ 30일 이내 재근관 치료하는 경우 진찰료 재진으로 산정

36. 광중합형 복합레진 충전에 대한 설명으로 옳지 <u>않은</u> 것은?

① 만 5세이상 만 12세 이하 아동이 대상이다.
② 마모, 파절에 의한 광중합형복합레진은 산정 불가이다.
③ 1일 4치까지 인정된다.
④ 러버댐 사용 및 교합조정, 충전물연마는 별도 산정 불가.
⑤ 영구치 결손된 유치의 경우 내역설명 후 산정 가능.

37. 근관치료에 관한 설명으로 옳은 것은?

① 발수에 사용한 바브드브로치의 재료대는 산정 불가하다.
② 근관확대 시 사용한 ni-ti file은 1근관당 산정이다.
③ 재근관치료 시 근관와동형성부터 산정 가능하다.
④ 당일발수근충시 근관장측정검사는 별도 산정 가능하다.
⑤ 근관성형은 근관치료 중 1회만 산정 가능하다.

38. 발치와재소파술에 대한 설명으로 옳지 <u>않은</u> 것은?

① 타 병원에서 발치 후 내원한 경우 산정 불가하다.
② 유치의 경우 산정 불가하다.
③ 후처치는 수술후처치 (가)로 산정한다.
④ 당일 발치 후 산정 불가하다.
⑤ 보통 1회만 산정할 수 있지만 내역설명 후 2-3회 가능
　하다.

39. 40세 성인 남자가 극심한 동통 호소로 본원을 내원 보기에 해당하지 <u>않는</u> 사항을 고르시오.

> C.C 오른쪽 위에가 부었어요
> #16 periapical 1매
> infilt , 휴온스 리도카인 2amples, rubberdam
> A.O P.E C.E CS
> Saline irrigation
> **구개부 농양** Incision & drainge

① 상병명은 k04.7 동이 없는 근단주위농양이다.
② 치근단 촬영 1매
③ 발수와 동시 시행 시 발수만 인정된다.
④ 러버댐장착
⑤ 구강내소염수술(나) 치조농양 또는 구개농양의 절개

40. bur (가)를 산정할 수 없는 경우는?

① 난발치   ② 복잡 매복치 발치
③ 치근단절제술   ④ 치조골성형술
⑤ 치은박리소파술 (복잡)

41. 발치의 산정기준에 대한 설명으로 옳지 <u>않은</u> 것은?

① 유치발치는 치근분리술을 시행한 경우 난발치로
   산정 가능하다.
② 발치 중 치근을 약간 남기고 발치한 경우 보통처치로
   산정한다.
③ 근관치료 도중 치아를 발치한 경우 이 전 근관치료는
   100% 산정 가능하다.
④ 동일 치아 치석제거와 발치를 동시 산정하였을 경우
   각각 산정 가능하다.
⑤ 사용한 silk는 별도 산정 불가하다.

42. 구강내소염수술에 대한 설명 중 옳지 <u>않은</u> 것은?

① 발수와 동시 시행 시 각각 100% 산정 가능하다.
② 구강내소염수술은 한달 이내 재시행 시 50%만 산정한다.
③ 후처치는 수술후 처치 (가)로 산정한다.
④ 당일 발치와 동시 시행하였을 경우 산정할 수 없다.
⑤ blade를 이용한 절개하의 배농 시 산정한다.

43. 구강외과 치료에 대한 설명 중 옳은 것은?

① 치조골성형술 시 사용된 silk는 별도 산정 불가하다.
② 매복발치와 동시에 치조골 성형술을 시행한 경우 각각
   100% 산정 가능하다.
③ 타병원에서 발치 후 초진에 발치와재소파술을 시행한
   경우 산정 가능하다.
④ 소대성형술 시 z-plasty를 시행한 경우 간단으로 산정한다.
⑤ 발치와 병행한 치조골성형술은 산정할 수 없다.

44. 수술후처치 (기)가 <u>아닌</u> 경우는?

① 치은판질제술
② 난발치 후 시행한 s/o
③ 구강내소염수술 후 시행한 d/r
④ 유치에 시행한 치관길이 연장술에 시행한 d/r
⑤ 치관확장술 후 시행한 d/r

45. 치주치료 재시행 산정방법으로 옳은 것은?

① 치석제거 후 3개월 - 치석제거 100% 산정
② 치근활택술 후 1개월 이내 - 치근활택술 50% 산정
③ 치주소파술 후 4개월 - 치주소파술 100% 산정
④ 치은박리소파술 후 5개월 - 치은박리소파술 100% 산정
⑤ 치근활택술 후 2개월 - 치주치료후처치

46. 치주소파술에 대한 설명으로 옳은 것은?

① 마취와 x-ray는 선택적이다.
② 전처치가 필요 없이 당일 산정 가능하다.
③ 1개월 이내 재시행 시 소정점수의 50% 산정 가능하다.
④ k05.22 급성치관주위염 상병명으로 산정할 수 없다.
⑤ 1-2개 치아를 시행한 경우 소정점수의 50%로 산정한다.

47. 잠간고정술에 대한 설명으로 옳은 것은?

① 3치 이하와 4치 이상으로 구분한다.

② wire를 제거한 경우 기본진찰료로 산정한다.

③ 탈구치아에 잠간고정술 + 교합조정술을 시행한 경우 100 : 100 각각 산정 가능하다.

④ 상병명은 k05.22 급성치관주위염 상병명으로 산정 가능하다.

⑤ 광중합형 복합레진을 사용한 경우 재료대 별도 산정 가능하다.

48. 봉합사를 별도로 산정할 수 있는 것을 모두 고르시오.

가. 매복발치	나. 구강내소염수술
다. 치조골성형수술	라. 치관확장술
마. 치은박리소파술	

① 나, 라, 마   ② 나, 다, 라, 마

③ 나, 다, 마   ④ 가, 라, 마

⑤ 가, 나, 다, 라, 마

49. 산정횟수가 다른 하나를 고르시오.

① #11 치은박리소파술   ② #24 치은절제술

③ #36 치근활택술   ④ #37 치주소파술

⑤ #44 치석제거 가.

50. 급여임플란트에 대한 설명으로 옳은 것은?

① 진료단계별 청구는 시작단계에서 청구한다.

② 무치악 환자의 경우에도 적용가능하다.

③ 의료급여수급권자 1종은 요양급여비용 총액의 10%이다.

④ 만성질환자의 경우 요양급여비용 총액의 10%이다.

⑤ 보철 장착 후 3개월 이내에는 진찰료 산정이 불가하다.

모의고사 2회차

01. 진료비의 구성에 해당되는 설명으로 옳지 <u>않은</u> 것은?

① 진찰료는 기본진찰료와 외래관리료로 구성된다.
② 연령에 따라 진료행위 가산율이 달라진다.
③ 약제료는 진료 행위에 사용된 약제의 수가로
　자이레스테신에이주, 리도카인 등이 있다.
④ 재료대는 진료행위에 사용된 치과 재료의 수가로
　film, 아말감 등이 있다.
⑤ 치과병원에서는 의료급여 대상자의 행위수가에 20%를
　가산 적용한다.

02. 만 8세미만 소아 가산 행위가 <u>아닌</u> 것은?

가. 스케일링	나. 발치
다. 보통처치	라. 광중합형복합레진
마. 치아 파절편 제거	

① 가, 나　　　　　② 가, 나, 다
③ 가, 나, 다, 라　　④ 가, 나, 다, 라, 마
⑤ 가, 다, 마

03. 다음 중 의료급여 1종 수급권자 본인부담금 중 다른 하나는?

① 선택 병의원 의료급여기관 이용자
② 18세 미만인자
③ 임신부
④ 등록 암환자
⑤ 행려환자

04. 다음 행위와 어울리지 <u>않는</u> 상병명을 고르시오.

> c.c 넘어져서 치아를 박았어요.
> Tx : 치근단 1매, mobility (++)
> 　　#11, 21 EPT 시행
> N : 한달 후 EPT 재시행

① K04.4 치수 괴사
② K04.0 가역적치수염
③ S03.20 치아의 아탈구
④ S02.54 치수 침범이 있는 치관 파절
⑤ K02.1 상아질 우식

05. 다음 보기와 가. 나. 다 진료행위에 대해 올바르게 짝지어진 것은?

> 가. 우식 제거 후 IRM으로 임시충전 시행함.
> 나. 치수 근첨 형성이 되지 않아 치수강 부분 근관치료 진행함.
> 다. 우식 제거 중 치수가 미세하게 노출되어 Dycal로 염증을 억제함.

	가	나	다
①	보통처치	치수복조	치아진정처치
②	치아진정처치	치수복조	치수절단
③	치아진정처치	치수절단	치수복조
④	보통처치	발수	치아진정처치
⑤	보통처치	발수	치수복조

06. 다음 보기와 진료 행위가 올바르게 연결된 것은?

가. 의치의 내면 부적합이 존재하여
　　자가중합형 의치상 레진을 이용하여
　　진료실에서 의치 내면을 개조

나. 의치상 내면에 연질 이장재를 적용하여 일정 시간이
　　경과한 후 과량의 연질 이장재를 제거하는 경우

다. 인공치의 마모나 파절 탈락등으로 인하여
　　인공치의 교체를 하는 경우

라. 의치 사용 중 궤양이나 불편감이 존재하여 조직면,
　　연마면 부분의 조정이 필요한 경우

마. 가공선을 이용하여 파절된 클라스프를 수리 한 경우

① 가 : 첨상 (간접법)　　② 나 : 조직조정
③ 다 : 의치상 수리　　④ 라 : 개상
⑤ 마 : 클라스프 수리 (복잡)

07. 다음중 진료 행위료 고저에 대해 적절하지 <u>않은</u> 것은?

① 근관확대 < 근관성형
② 치근단 4매 < 파노라마
③ 난발치 + bur < 단순매복
④ 치주소파술 < 치은절제술
⑤ crown 제거 < 근관내기존충전물제거 < 금속재포스트제거

08. 다음 중 진찰료만 산정하는 경우가 <u>아닌</u> 것은?

① 타 치과 발치 후 소독을 시행한 경우
② 구강건조증 처치
③ 전체 구강검진 후 치료계획 상담
④ 진료 소견서 발행
⑤ 통증이 심해 발치 전 소독을 시행

09. 처방전 비급여 발행해야하는 경우를 고르시오.

① 보험 임플란트 식립 후 처방
② 금속상 완전틀니를 위한 치조골 성형술 후 처방
③ #48 치아를 발치하여 #46 자리로 이식 후 처방
④ #11 치근단절제술 후 역근관충전 시행 후 약처방
⑤ 구강건조증으로 인한 약 처방

10. 연조직창상의 지혈을 위하여 연조직의 압박이 필요하거나 동요치의 고정, 창상보호 등의 목적으로 사용하는 것은?

① 잠간고정술　　　　② 협순소대 성형술
③ 구강 내열상 봉합술　④ 상고정장 치술
⑤ 고정장치의 제거

11. 치과 마취에 대한 산정기준으로 옳지 <u>않은</u> 것은?

① 치과 마취료는 마취 행위료 + 약제료 + 의약품관리료로 구성된다.
② 의약품 관리료는 1일 1회만 산정 가능하다.
③ 치수 내 직접 마취는 침윤마취로 산정한다.
④ 동일 목적 동일 부위에 2가지 이상의 마취를 병용한 경우 각각 인정한다.
⑤ 사용한 앰플은 개수 상관없이 인정된다.

12. 치과 방사선에 대한 설명으로 옳은 것은?

① 방사선영상진단료는 판독료(70%)와 촬영료(30%)가 포함되어있다.
② 만 6세 미만의 소아에 대해서는 방사선 단순영상진단을 한 경우 소정점수의 10%, 방사선 특수영상진단을 한 경우 소정점수의 20%를 산정한다.
③ 치과 디지털 촬영장치를 이용한 경우 치근단 촬영 판독료만 산정한다.
④ 근관장 측정 검사 시 파일 삽입 후 1장, 근관 충전용 1장을 촬영하였을 경우 치근단 동시 2매로 산정한다.
⑤ 파노라마 촬영 후 치근단 촬영을 하는 것이 바람직하다.

13. 즉일충전처치에 대한 설명으로 옳은 것은?

① 당일 우식 제거 후 아말감 재료로 충전하였다.
② 치아진정처치 후 다음번에 내원해서 시행하는 경우에 해당한다.
③ 당일 동일치아에 치경부 충전과 교합면 충전을 각각 시행하였을 경우 즉일충전처치 2회로 산정한다.
④ 즉일충전처치와 와동형성료를 별도 산정 가능하다.
⑤ 즉일충전처치 후 30일 이내 재시행 하였을 경우 즉일충전처치료 50%로 산정한다.

14. 충전치치에 대한 설명으로 옳지 <u>않은</u> 것은?

① 치경부 gi 충전 후 한달 이내 탈락되어 재충전 시 산정한다.
② 근관충전 후 아말감 충전 시 산정 가능하다.
③ 당일 우식제거 후 gi 충전 시 산정 가능하다.
④ 치과 임플란트 보철물 교합면 나사 삽입구 재충전술을 하는 경우 충전으로 산정한다.
⑤ 금속강화형 시멘트를 이용하여 지대치 축조를 시행했을 경우 산정 가능하다.

15. #45, 46 gingival abscess

　　 #23 palatal abscess

　　 incision & drain 시행 산정 가능 횟수는?

① #45, 46, 23 구강내소염술 (가) 2회
② #45, 46, 23 구강내소염술 (나) 2회
③ #45, 46 구강내소염술(가) 1회
　　#23 구강내소염술 (나) 1회
④ #45, 46 구강내소염술(가) 0.5회
　　#23 구강내소염술 (나) 1회
⑤ #45, 46 구강내소염술(가) 1회
⑥ #23 구강내소염술 (나) 0.5회

16. 당일발수근충에 대한 설명으로 옳지 <u>않은</u> 것은?

① 마취와 방사선은 별도 산정 가능하다.
② Barbed broach를 사용한 경우 1회 산정 가능하다.
③ 근관장측정검사를 별도 산정 가능하다.
④ 유치도 산정 가능하다.
⑤ 치수의 생활여부 상관없이 산정 가능하다.

17. 치은판절제술에 대한 설명으로 옳지 <u>않은</u> 것은?

① 다수치에 시행하여도 1회로 산정한다.
② 발치와 동시에 하는 치은판절제술은 산정 착오이다.
③ 연령 상관없이 소아와 성인 모두 산징 가능하다.
④ 영구치의 인접면 우식을 치료하기 위해 치은을 절제하는 경우 산정한다.
⑤ 유치의 보철치료 시 치관길이를 연장하기 위해 치은을 절제한 경우 산정 가능하다.

18. 다음중 동일부위 동시산정 기준이 다른 것은?

① 치은박리소파술(복잡) + 치조골 성형술
② 발수 + 구강내소염술
③ 근관내기존충전물 제거 + 근관세척
④ 치수절단 + 충전
⑤ 치석제거술 + 교합조정

19. 다음중 비급여로 항목으로 묶인 것은?

가. 치주질환으로 상악 4전치를 레진으로 부착한 경우
나. MTA
다. 치아온도반응검사
라. 교합음도검사
마. 치관노출술

① 가, 나, 마　　　　　② 가, 나, 라, 마
③ 나, 라, 마　　　　　④ 나, 다, 라, 마
⑤ 가, 나, 다, 라, 마

20. 러버댐 장착에 관해 옳은 것을 고르시오.

① 1치당 산정한다.
② 사용한 재료대는 별도 청구 가능하다.
③ 보통처치, 치수절단, 치아진정처치 시 산정 불가하다.
④ 응급근관처치, 치수복조 시 산정 불가하다.
⑤ #16, 26 치아 동시 시행 시 횟수 2로 산정한다.

21. 급여 부분틀니 단계별 순서대로 올바른 것은?

① 진단 및 치료계획 - 인상채득 - 악간관계 채득 -
　납의치 시적 - 금속구조물 시적 - 의치 장착 및 조정
② 진단 및 치료계획 - 인상채득 - 금속 구조물시적 -
　악간관계 채득 - 납의치 시적 - 의치장착 및 조정
③ 진단 및 치료계획 - 인상채득 - 악간관계 채득 -
　금속 구조물 시적 - 납의치 시적 - 의치장착 및 조정
④ 인상채득 - 진단 및 치료계획 - 악간관계 채득 -
　금속 구조물 시적 - 납의치 시적 - 의치장착 및 조정
⑤ 인상채득 - 진단 및 치료계획 - 금속 구조물 시적 -
　악간관계 채득 - 납의치 시적 - 의치장착 및 조정

22. 치면열구전색에 대한 설명으로 옳은 것은?

① 만 18세 미만 대상자의 교합면 우식이 이환되지 않은
　제 1, 2대구치를 대상으로 적용된다.
② 광중합형 복합레진과 동시 산정 불가하다.
③ 러버댐 장착료는 별도 산정 가능하다.
④ 6개월 이내 탈락하여 재도포하는 경우 진찰료만 산정한다.
⑤ 상병명은 Z29.8 기타 예방적 조치로 산정한다.

23. 급여 임플란트 산정기준으로 옳은 것은?

① 만 70세 이상 평생 2개까지 가능하다.
② 완전 무치악 환자도 산정 가능하다.
③ 골이식 등의 부가 수술은 환자 본인 부담이다.
④ 치과 임플란트의 급여수가는 행위별 수가이다.
⑤ 일체형 식립재료를 사용하여 pfm 보철 수복을 했을
　경우 산정한다.

24. 다음중 근관치료 시 동시산정이 가능한 것끼리 연결된 것은?

① 발수 + Barbed broach + 근관세척
② 근관확대 + 근관성형 + 근관세척 + 근관충전
③ 근관내 기존 충전물 제거 + 발수 + 근관와동형성
④ 근관내 기존 충전물 제거 + 근관장측정검사
　+ NI-TI FILE
⑤ 발수 + 근관장측정검사 + 근관세척 + NI-TI FILE

25. 발치 후 발치와에 염증이 생겨 발치와 내부를 소파하는 행위에 대해 올바른 것은?

① 발치한 당일 산정 가능하다.
② 반드시 마취가 필수이다.
③ Dressing은 기본진찰료로 산정한다.
④ 유치, 영구치 구분 없이 1치당 산정한다.
⑤ 타치과에서 발치 후 내원한 경우는 산정 불가하다.

26. 치주치료에 대한 설명으로 옳은 것은?

① 치석제거 1~2개 치아 시행 시 100% 산정 가능하다.
② 치근활택술은 반드시 마취가 필수이다.
③ 치주소파술은 급성상태에서 시행 시 인정되지 않는다.
④ 전처치 없이 시행한 치은박리소파술은 치석제거로 인정
　한다.
⑤ 치은박리소파술과 치조골성형술 동시 시행 시 높은수가
　100% 낮은수가 50%로 산정한다.

27. 치주질환 재시행 산정기준으로 옳은 것은?

① 치석제거 3개월 초과 - 100% 산정
② 치근활택술 3개월~6개월 - 50% 산정
③ 치은박리 소파술 5개월 - 100% 산정
④ 치주소파술 2개월 - 치주치료후처치 가.
⑤ 치주소파술 4개월 - 100% 산정

28. 해당하는 술식을 고르시오.

발치 후 치조정에 예리한 골면으로 불편을 야기하거나
불규칙하게 융기된 치조골이 의치 장착 시 장애가 되는
경우 이를 제거하고 성형하는 수술을 말하며,
발치와 동시에 시행하거나
발치 후 환자가 불편감을 호소하는 경우에 시행한다.

① 치조골성형술
② 치근단절제술
③ 협순소대성형술
④ 치은박리소파술
⑤ 치관확장술

29. 산정하는 후처치가 다른 하나는?

① 완전매복발치 후 드레싱 한 경우
② 발치와재소파술 후 드레싱 한 경우
③ 구개농양으로 구강내소염술 후 내원하여 드레싱 한 경우
④ 치관확장술 후 드레싱 한 경우
⑤ 치은판절제술 후 드레싱 한 경우

30. 잠간고정술에 대한 설명으로 옳은 것은?

① 3치 이하 4치 이상으로 산정한다.
② 1치당 산정한다.
③ 사용한 재료대는 별도 산정 불가하다.
④ 고정장치 제거 후 드레싱은 원인이 되는 후처치로 산정
한다.
⑤ 교합조정과 동시 시행시 각각 별도 산정 가능하다.

31. 다음 중 봉합사 산정 가능 항목끼리 고르시오.

가. 난발치 나. 치조골성형술
다. 구강내소염술 라. 치은판절제술
마. 탈구치아정복술

① 가, 다, 마
② 가, 다
③ 나, 다
④ 나, 다, 라
⑤ 가, 나, 다, 라, 마

32. 다음 해당하는 술식을 고르시오.

#48 impacted tooth
panorama taking (Digital) 1매
block 2 ample
incisior & bur 사용하여 치관 분리하여 발치
Silk 3-0 3cm

① 단순 매복치 발치
② 완전 매복치 발치
③ 복잡 매복치 발치
④ 난발치
⑤ 치조골성형술

33. 다음과 같이 치근활택술을 시행하였을 때 알맞은
횟수를 구하시오.

7, 6, 5, 4, 3, 2, 1	

① 1회
② 1.5회
③ 2회
④ 2.5회
⑤ 3회

34. 다음 중 파노라마를 산정할 수 있는 경우로 옳지
않은 것은?

① 전체적인 치주상태 관찰
② 구내촬영이 불가능
③ 매복치 상태 확인
④ 인접면 우식 확인
⑤ 외상의 진단을 위해

35. 지각과민처치 (가), (나)에 대한 설명으로 옳은 것은?

① 지각과민처치 (가)의 경우 ms coat와 같은 약물도포이다.
② 지각과민처치는 하루 최대 4치까지 산정 가능하다.
③ 지각과민처치 (나)는 1주일 간격으로 2~3회 산정한다.
④ 지각과민처치의 경우 치주치료 후 산정 가능하다.
⑤ 지각과민처치 (나)는 1치당 100% 산정 가능하다.

36. 다음 (가)와 (나)에 해당하는 것으로 알맞은 것은?

| gluma 사용 #14, 15, 16 도포 | (가) |
| SE-BOND 사용 #33, 34, 35 도포 | (나) |

	(가)	(나)
①	1회	1회
②	1.4회	3회
③	3회	1.4회
④	1.4회	1.4회
⑤	3회	3회

37. 치관수복물의 제거 및 보철물 재부착에 관한 설명 중 옳은 것은?

① 치관수복물의 제거 가. 는 Inlay, crown 등을 제거할 때 산정한다.
② 보철물 재부착은 임시치아도 산정 가능하다.
③ 당일 pfm 크라운과 gi 코어를 동시에 제거한 경우 각각 산정 가능하다.
④ 13 = = = = 23 치아 보철물 재부착은 2회이다.
⑤ 보철물 제거 시 연속된 인공치는 개수대로 산정한다.

38. 초재진료 설명 중 옳지 <u>않은</u> 것은?

① 이전 파노라마를 이용하여 매복치 발치 시 초진으로 산정한다.
② 3/20 #14-17 치근활택술, 4/20 #24-27 치근활택술 시행 시 초진이다.
③ 국가 구강검진 후 30일 이내 내원 시 재진이다.
④ 타치과 발치 후 본원에 처음 내원, 실밥제거를 시행한 경우 초진으로 산정한다.
⑤ 2/28 #46 아말감 즉일충전처치, 3/20 아말감 일부 파절된 상태로 내원하여 재충전한 경우 재진으로 산정한다.

39. 다음 빈칸에 들어갈 본인부담금에 해당하는 것은?

| 만 60세 |
| 건강보험 가입 환자가 치과 병원에서 진료를 받은 경우 (　　　)%의 본인 부담금이 발생한다 |

① 15% ② 20%
③ 25% ④ 30%
⑤ 40%

40. 가산율에 대한 설명으로 옳지 <u>않은</u> 것은?

① 만 6세 미만의 소아는 방사선 단순영상진단료 10%가 가산한다.
② 만 8세 미만 소아의 충전치료 시 행위료의 30%가 가산
③ 마취는 만 70세 이상 노인, 만6세 미만에서 가산된다.
④ 만 1세이상~만 6세미만의 경우 초진료 + 10.89 재진료 + 6.86이 가산된다.
⑤ 장애인 진료 시 기본진찰료의 9.03이 가산된다.

41. 공휴일에 해당하는 것을 모두 고르시오.

| 가. 제헌절 |
| 나. 8월 15일 광복절 |
| 다. 기타 정부에서 수시로 지정하는 날 |
| 라. 노동자의 날 |
| 마. 12월 25일 성탄절 |

① 가, 나, 다, 라, 마 ② 가, 다, 마
③ 나, 다, 라 ④ 나, 다, 마
⑤ 나, 다, 라, 마

42. 만 60세 의료급여 1종 환자가 치과 의원에서 #38 단순매복발치 후 약 처방을 받은 경우 본인 부담금은?

① 1,000원 ② 1,500원
③ 2,000원 ④ 10%
⑤ 20%

43. 근관치료 시 항생제 처방이 가능한 상병명은?

① k04.00 가역적 치수염
② k04.01 비가역적 치수염
③ k02.1 상아질 우식
④ s02.54 치수 침범이 있는 치관파절
⑤ k04.7 동이없는 근단주위농양

44. 상병명과 진료행위의 연결로 옳지 않은 것은?

① 치조골성형술 – K08.81 불규칙한 치조돌기
② 발수 – K04.01 비가역적 치수염
③ 광중합형 복합레진 – K02.1 상아질 우식
④ 치면열구전색 – Z29.8 기타 명시된 예방적조치
⑤ 구강내 소염술
　　 – K04.62 구강으로 연결된 동이 있는 근단주위농양

45. 발치 후 발치와에 염증이 생겨 발치와 내부를 소파하는 술식을 시행하였을 때 적용 가능한 상병명은?

① K08.81 불규칙한 치조돌기
② K05.22 급성 치관주위염
③ K10.3 턱의 치조염
④ K08.1 사고, 추출(발치) 또는 국한성 치주병에 의한
　　 치아상실
⑤ K01.18 과잉매복치

46. 산정기준이 다른 하나를 고르시오.

① 근관확대　　　　② 근관 내 기존 충전물 제거
③ 당일발수근충　　④ 근관장측정검사
⑤ 전기치수반응검사

47. 다음 중 동일 부위 동시 산정 기준이 다른 것은?

① 발수 + 구강내소염술
② 치수절단 + 충전
③ 치은박리소파술 + 치조골성형술
④ 교합조정 + 잠간고정술
⑤ 광중합형 복합레진 + 치면열구전색

48. 발치의 상대가치점수가 높은 순서대로 올바른 것은?

① 단순발치 < 난발치 < 치조골성형술 < 단순매복
　　 < 완전매복 < 복잡매복
② 단순발치 < 난발치 < 난발치 + BUR < 단순매복
　　 < 완전매복 < 복잡매복
③ 단순발치 < 난발치 < 난발치 + BUR < 단순매복
　　 < 복잡매복 < 완전매복
④ 단순발치 < 난발치 < 단순매복 < 난발치 + BUR
　　 < 복잡매복 < 완전매복
⑤ 단순발치 < 단순매복 < 난발치 + BUR < 복잡매복
　　 < 완전매복

49. 치주치료의 상대가치점수가 높은 순서대로 올바른 것은?

① 치석제거(가) < 치근활택술 < 치주소파술
　　 < 치은절제술 < 치은박리소파술
② 치석제거(가) < 치근활택술 < 치주소파술
　　 < 치은박리소파술 < 치은절제술
③ 치석제거(가) < 치주소파술 < 치근활택술
　　 < 치은절제술 < 치은박리소파술
④ 치석제거(가) < 치주소파술 < 치근활택술
　　 < 치은박리소파술 < 치은절제술
⑤ 치근활택술 < 치석제거(가) < 치주소파술
　　 < 치은박리소파술 < 치은절제술

50. 급여 임플란트 유지관리에 대한 설명으로 옳은 것은?

① 유지관리 기간에는 진찰료를 산정 할 수 없다.
② 무상 유지관리 기간은 3개월 이내 무제한이다.
③ 임플란트 보철물 Scrp Hole이 탈락되어 보험 되는 재료로 재충전하는 경우 즉일충전처치로 산정한다.
④ hole 충전 상병명은 Z46.3 치과보철 장치의 부착 및 조정 상병명을 적용한다.
⑤ 만 65세 이상이면 식립 한 치과가 아니어도 산정 가능하다.

모의고사 3회차

01. 다음 중 치과의원에 내원한 의료급여 1·2종 환자의 본인부담금이 다른 것을 고르시오.

① 매복치 발치 후 약처방
② 치주소파술 치료
③ 침윤마취 + 구강내소염술 + 약처방
④ 파노라마 + 치석제거 나. 연 1회
⑤ #13 치근단촬영

02. 의료급여 환자에 대한 설명으로 옳은 것은?

① 선택의료기관 제도는 의료급여 1·2종 모두 해당된다.
② 의료급여 환자는 당일 진료비 승인이 이루어져야한다.
③ 선택의료급여기관 이외의 병원에서 진료를 받을 경우 의료급여의뢰서 발급받지 않아도 된다.
④ 치과의원의 의료급여 환자 종별 가산율은 15%이다.
⑤ 의료급여 1종 환자분이 보험틀니를 진행할 경우 본인부담금이 10%이다.

03. 다음 중 요양기관 종별 가산율에 대한 설명으로 옳은 것은?

① 치과의원에 내원한 건강보험 대상자 5%
② 치과의원에 내원한 의료급여1종 대상자 2%
③ 치과의원에 내원한 의료급여2종 대상자 0%
④ 치과병원에 내원한 건강보험 대상자 2%
⑤ 치과병원에 내원한 의료급여1종 대상자 0%

04. 다음 중 만8세미만 소아 가산 항목이 <u>아닌</u> 것끼리 고르시오

가. 치석제거	나. 치아진정처치
다. 치면열구전색	라. 당일발수근충
마. 유치발치	

① 나, 다
② 가, 나, 다
③ 가, 다, 라
④ 가, 라, 마
⑤ 가, 나, 다, 라, 마

05. 가산율에 대한 설명으로 옳지 <u>않은</u> 것을 고르시오

① 만 1세 이상~만 6세미만의 경우 진찰료와 마취료 가산이 해당된다.
② 만 6세 미만 소아가 치근단 촬영을 하였을 경우 20% 가산이 된다.
③ 만 70세 이상 노인은 30% 마취 가산이 가능하다.
④ 장애인 환자의 경우 초재진료의 9.03이 가산된다.
⑤ 장애인 환자의 치석제거 진료를 하면 소정점수의 300% 가산이 된다.

06. 다음 중 기본 진찰료만 산정해야 하는 경우로 옳지 <u>않은</u> 것은?

① 충치 검진 후 상담만 받고 간 경우
② 입병이 난 부분에 연고를 발라준 경우
③ 타 치과 발치 후 우리 병원에서 간단한 dressing 실시
④ 발치 전 동통 감소를 위해 약 처방만 발행하는 경우
⑤ 소견서 서류를 발급하는 경우

 다음 중 진찰료 연결이 바르게 된 것은?

① #46 근관치료 중 환자의 출장으로 인해
　40일 뒤 내원하여 진행한 경우 초진이다.
② 국가구강검진 당일 치석제거를 진행하였을 경우
　진찰료의 50%만 산정한다.
③ #38 사랑니 발치를 5개월 만에 내원하여 이전 촬영한
　x-ray를 보고 진행하였으면 초진이다.
④ #14-17 치석제거 후 4개월만에 내원하여
　#24-27 치석제거 하였다. 이 경우 재진이다.
⑤ #43 치경부 즉일충전처치로 충전 후 2주 뒤 탈락하여
　재충전하였다. 이 경우 초진이다.

08. **구강검진에 대한 설명으로 옳지 <u>않은</u> 것은?**

① 영유아 검진과 성인 구강검진이 있다.
② 국가구강검진 후 예약을 잡고 내원하는 경우 30일 이내
　는 재진이다.
③ 검진 대상자가 토요일에 내원하여 시행한 경우 진찰료
　의 30%가 가산된다.
④ 학교구강검진의 경우 교육청 주관으로 시행한다.
⑤ 영유아 검진 환자가 공단 구강검진 당일 치료가 진행된
　경우 초, 재진료의 50%를 산정한다.

09. **처방료 산정기준으로 옳지 <u>않은</u> 것은?**

① 항생제, 소화제의 일률적 처방을 지양한다.
② 저함량 배수처방을 지양하여야한다.
③ 약은 고가일수록 효과가 좋으므로 환자분에게 고가약
　처방을 한다.
④ 처방전 사용기간 이내 처방전을 분실하여 재발급 하는
　경우 별도로 진찰료를 산정할 수 없다.
⑤ 치관 노출술 후 약처방을 진행한 경우 "기타"로 발행한다.

10. **가산율 적용에 대한 설명으로 옳은 것은?**

① 근로자의 날에 진료를 할 경우 초재진료의 30%를 가산
　한다.
② 토요전일가산제는 병의원 상관없이 적용된다.
③ 만 6세미만 소아의 야간진료 시 행위료의 100%가 가산
　된다.
④ 공휴일 야간 마취를 진행할 경우 마취료와 기본진찰료
　모두 가산이 가능하다.
⑤ 야간, 토요일, 공휴일에 내원하여 치은박리소파술을
　시행하였을 경우 마취료와 치은박리소파술
　각각 30%씩 가산 적용 가능하다.

11. **의료급여 1종 환자가 지정한 선택 병·의원 이외에
서 진료 시 지정 병원에서 발급 받아야 하는 것은?**

① 의료급여 의뢰서　　　② 의사 소견서
③ 영수증　　　　　　　④ 약 처방전
⑤ 진료기록부

12. **국민건강보험 환자의 본인부담금에 대한 설명으
로 옳지 <u>않은</u> 것을 고르시오.**

① 만 5세 환자가 치과 병원에서 진료를 받은 경우 28%를
　부담하였다.
② 만 60세 노인이 치과 의원에서 진료를 받은 경우 30%를
　부담하였다.
③ 만 65세 노인이 치과 병원에서 진료를 받은 경우 40%를
　부담하였다.
④ 만 6세 환자가 치과의원에서 진료를 받은 경우 21%를
　부담하였다.
⑤ 임신부가 치과의원에서 진료를 받은 경우 10%를 부담
　하였다.

13. 다음 중 상대가치점수가 올바르게 고저된 것은?

① 근관성형 < 근관확대
② 치근단 촬영 3매 < 파노라마
③ 난발치 < 치조골성형술
④ 단순매복발치 < 난발치 + burr 가
⑤ 하치조신경 전달마취 < 후상치조신경 전달마취

14. 다음 중 동일부위 동시산정이 다른 하나는?

① 매복발치 + 치조골성형술
② 치은박리소파술 + 치조골성형술
③ 치아진정처치 + 치수복조
④ 스케일링 + 지각과민처치 가.
⑤ 구강내소염술 + 발수

15. 다음 중 산정기준이 다른 것 하나는?

① 만 65세 이상 노인 틀니 인공치 수리
② 치관확장술
③ 치은판절제술
④ 치아재식술
⑤ 치수절단

16. 진료 행위 중 비급여로 산정해야하는 것은?

① 의도적치아재식술　　② 치아 동요도 검사
③ 치관확장술　　　　　④ MTA
⑤ 잠간고정술

17. 치과 마취에 대한 설명으로 옳은 것을 고르시오.

① 표면마취는 산정 가능하다.
② 근관치료 도중 치수 내 직접 마취를 진행한 경우
　산정할 수 없다.
③ 보험 임플란트 수술 시 피하근육주사는 인정이 된다.
④ 상악 유치의 경우 전달마취 산정 불가하다.
⑤ 동일 목적을 위해 2가지 이상의 마취를 병행한 경우
　각각 청구할 수 있다.

18. 치과 마취 연결이 적절하게 이루어진 것은?

① #48 매복치 발치 - 후상치조신경 전달마취
② #65 발치 - 후상치조신경 전달마취
③ #23 - 후상치조신경 전달마취
④ #44^45 매복치 발치 - 비구개신경 전달마취
⑤ #85 치수절단술 - 침윤마취

19. 치근단 촬영 횟수로 올바른 것은?

Tx : #33 치근단 1매(Digital)
　　　AO, PE, CS, CI, WL, CF with NI-TI file
　　　#33 근관 길이 측정 위해 치근단 1매(Digital)
　　　#33 Filling 후 치근단 1매(Digital)

① 치근단 촬영 판독 3회
② 치근단 촬영판독 동시 1매 + 치근단 촬영판독 2매
③ 치근단 촬영판독 동시 3매 1회
④ 치근단 촬영판독 동시 3매 3회
⑤ 치근단 촬영판독 1회

20. 방사선촬영료 기본원칙에 대한 설명 중 옳은 것은?

① 방사선영상진단료의 소정점수에는 판독료 70%와
　촬영료 30%가 포함된다.
② 만 6세미만 소아의 단순영상진단을 한 경우 소정점수의
　10%를 가산한다.
③ 만 6세미만 소아의 방사선 특수영상진단을 한 경우
　소정점수의 20%를 가산한다.
④ 치주질환의 진단을 위하여 방사선 촬영할 경우
　파노라마부터 찍는다.
⑤ 근관치료 도중 각도를 변경하여 2장 찍었을 경우
　치근단 촬영 2회로 산정한다.

21. 방사선 촬영에 대한 설명 중 옳지 <u>않은</u> 것은?

① 치아 내부 또는 치조골 등을 관찰하는 데 가장 유용한 사진은 치근단 사진이다.

② 매복치아의 치아 위치, 형태, 매복 정도 등의 평가를 위하여 파노라마를 촬영한다.

③ 인접면 충치나 초기 치주질환의 진행 여부를 판별하기 위해 교익촬영을 시행한다.

④ 스프린트 치료에 반응하지 않는 측두하악장애 환자는 Cone Beam CT 촬영이 가능하다.

⑤ #12 치근에 2치관 크기 이상의 치근낭이 발견된 경우 Cone Beam CT 촬영이 가능하다.

22. 다음 중 보통처치의 산정기준이 <u>아닌</u> 것은?

① 치수강 개방만 시행한 경우

② 근관치료 도중 caviton이 탈락하여 재충전한 경우

③ 치아 우식 부위를 제거 하고 irm 임시충전한 경우

④ 치아가 깨져 날카로운 부분을 다듬은 경우

⑤ 발수 완료 전 치수 일부만 제거한 경우

23. 치아질환처치에 대한 설명으로 옳은 것은?

① 치수가 미세하게 노출되었을 때 치수보호재를 사용한 경우 치아 진정처치이다.

② 치아진정처치와 치수복조를 동시에 시행한 경우 치수복조만 산정할 수 있다.

③ 비급여 진료 전 단계에 임시충전 한 경우 별도 산정 가능하다.

④ 치아진정처치에 사용한 재료는 별도 산정 가능하다.

⑤ 치수 복조 시 사용한 러버댐은 별도 산정 가능하다.

24. 지각과민처치에 대한 설명으로 옳지 <u>않은</u> 것은?

① 지각과민처치(나)는 1일 6치까지 산정 가능하다.

② 지각과민처치(나)는 1일 최대 600% 산정 가능하다.

③ gluma를 도포한 경우 지각과민처치 (가)이다.

④ #13 ms-coat 도포 후 일주일 뒤 시린 증상이 있어 se-bond를 도포하였다. 일주일 뒤 산정할 수 있는 항목은 지각과민처치 (나) 산정 가능하다.

⑤ 동일치아 치경부 충전과 동시 시행한 경우 산정불가다.

25. 치경부마모증 gi 즉일충전 20일 뒤 부분 파절되어 기존 gi 제거 후 당일 gi 충전을 완료하였다. 이 경우 올바른 청구 방법은?

① 수복물제거 50% + 즉일충전처치 50% + 재료대 50%

② 수복물제거 100% +즉일충전처치 50% + 재료대 100%

③ 수복물제거 100% +즉일충전처치 100% +재료대 100%

④ 수복물제거 100% + 충전료, 와동형성료 50% + 재료대 100%

⑤ 수복물제거 100% + 충전료, 와동형성료 100% + 재료대 100%

26. 보철물 제거와 재부착에 대한 설명으로 옳지 <u>않은</u> 것은?

① 1치당으로 산정한다.

② 4＝＝7 bridge제거 시 연속된 인공치(pontic)은 개수 상관없이 1로 산정한다.

③ 보철물 재부착의 경우 인공치는 산정 불가하다.

④ 임시치관 부착은 급여 산정 불가하다.

⑤ 치과 임플란트 보철물을 임시 부착한 경우에도 보철물 재부착 산정 가능하다.

27. 치면열구전색에 대한 설명으로 옳지 <u>않은</u> 것은?

① 만 18세 이하를 대상으로 치아 우식증에 이환되지 않은 순수 건전치아인 제 1, 2 큰 어금니가 해당된다.

② 2년 이내 탈락하여 동일 의료기관에서 동일 치아에 재도포하는 경우 진찰료는 별도 산정 불가하다.

③ 러버댐 장착은 산정 불가하다.

④ 건강보험가입자 대상자의 본인부담률은 의원급, 병원급 구분없이 10%이다.

⑤ 동일 치아 광중합형복합레진과 동시에 시행하였을 경우 광중합형복합레진 100%, 치면열구전색 50% 산정한다.

28. 광중합형복합레진 충전에 관한 산정 기준으로 옳지 <u>않은</u> 것을 고르시오.

① 만 12세 미만 아동일 경우 해당한다.
② 치아 우식증의 치료를 위해 실시한 경우에만 건강보험이 적용된다.
③ 광중합형복합레진 충전은 즉일충전처치와 충전을 구분하지 않는다.
④ 1일 4치까지 산정 가능하다.
⑤ jx999(기타내역)에 와동급수와 충전면수를 기재한다.

29. 근관치료 산정기준으로 옳지 <u>않은</u> 것은?

① 실제 존재하는 근관 수에 따라서 산정함을 원칙이다.
② 근관장측정검사는 치료기간 중 3회에 한하여 산정한다.
③ NI‐TI file을 사용한 경우 1치당으로 산정 가능하다.
④ 재근관치료의 경우 당일발수근충 산정이 가능하다.
⑤ 30일 이내 재근관치료를 하는 경우 기간 상관없이 근관내기존충전물제거 행위 100% 산정 가능하다.

30. 다음 중 근관세척과 동시산정이 불가한 항목을 모두 고르시오.

가. 발수	나. 근관확대
다. 근관성형	라. 근관장측정검사
마. 근관충전	

① 가, 나　　　　② 가, 마
③ 나, 다　　　　④ 가, 나, 다
⑤ 가, 나, 다, 라, 마

31. 응급근관처치에 대한 산정기준으로 옳지 <u>않은</u> 것은?

① 1치당으로 산정한다.
② 급성 상병명만 사용 가능하다.
③ 러버댐 산정 불가능하다.
④ 만 8세미만 소아의 경우 소정점수의 30%를 가산한다.
⑤ 발수와 동시에 시행한 경우 별도 산정 가능하다.

32. 유치의 근관치료에 대한 설명으로 옳지 <u>않은</u> 것은?

① 미성숙 영구치의 경우 치수절단 치료가 가능하다.
② 감염된 근관의 경우 근관확대 선택적으로 인정한다.
③ 유치의 경우 NI‐TI file은 산정 불가하다.
④ 원칙적으로 근관성형은 산정 불가하다.
⑤ 근관 충전 시 통상적으로 단순근관충전으로 산정한다.

33. 다음 중 상대가치점수가 올바르게 고저된 것은?

① #16 pfm 제거 < #16 근관내기존충전물 제거 < post 제거
② 치수절단 < 응급근관처치
③ 근관와동형성 < 발수
④ 치수복조 < 치아진정처치
⑤ 보철물 재부착 < 보철물제거 (간단)

34. 치근단에 염증이 있으나 치료가 어려운 경우 외과적으로 잇몸을 박리하고 치조골을 삭제하여 치근단부의 이상조직을 제거해주는 술식은?

① 치은박리소파술　　　② 치근단절제술
③ 치조골성형술　　　　④ 구강내소염술
⑤ 치은절제술

35. 다음 중 진료와 상병명이 옳지 <u>않은</u> 것은?

① 치조골성형술 ‐ k08.81 불규칙한 치조돌기
② 구강내열상봉합술 ‐ s01.51 볼점막의 열린 상처
③ 구강내소염술 ‐ k04.62 구강으로 연결된 동이 있는 근단주위농양
④ 응급근관처치 ‐ k04.4 치수기원의 급성 근단치주염
⑤ 발치와재소파술 ‐ k10.3 턱의 치조염

36. burr (가) 항목을 산정할 수 없는 진료인 것은?

① 치조골성형술　　　　② 치근단절제술
③ 임플란트 제거술 나. 복잡　④ 난발치
⑤ 치은박리소파술

37. 발치에 대한 설명으로 옳지 <u>않은</u> 것은?

① 유치는 난발치 산정이 불가하다.
② 과잉치는 해당 치아 번호가 없으므로 과잉치가 위치하는 부위의 치식을 표시한다.
③ 전치 발치와 치조골 성형술을 동시에 시행하는 경우 전치발치 50% 치조골 성형술 100%이다.
④ 발치에 사용한 silk는 별도산정 불가하다.
⑤ 치관 2/3 이상이 치조골 내에 매복되어 발치 시행 시 완전매복치로 산정한다.

38. 동일부위 동시산정 가능한 진료 중 다른 하나는?

① 난발치 + 치조골성형술
② 구강내소염술 + 발수
③ 치근활택술 + 교합조정
④ 치은박리소파술 (복잡) + 치조골성형술
⑤ 치은박리소파술 (복잡) + 임플란트제거술

39. 치조골성형술에 대한 설명으로 옳지 <u>않은</u> 것은?

① 의치 제작 시 불규칙하게 융기된 치조골이 방해가 되는 경우 제거하고 산정한다.
② 무치악은 해당 부위의 치식을 입력한다.
③ 사용한 burr는 청구 가능하지만 silk는 산정 불가하다.
④ 상병명은 k08.81 불규칙한 치조돌기를 사용한다.
⑤ 시술 후 dressing은 수술후처치(가)이다.

40. 다음 중 치아의 맹출유도를 위해 치관부위를 덮고 있는 치은판을 절제하는 산정기준이 다른 하나는?

① 오래된 치아우식와동 상방으로 증식된 치은식육 제거
② 파절된 치아 상방으로 증식된 치은식육 제거
③ 치아 맹출을 위한 개창술
④ ss crwon 치료 시 치관길이 연장
⑤ 치은연하, 인접치간 우식치료를 위한 치관길이 연장

41. 산정기준이 적절하게 연결된 것은?

가. 치관확장술 (1치당)	나. 치은판절제술 (1치당)
다. 치은절제술 (1치당)	라. 수술후처치 (1일당)
마. 치은박리소파술 (1/3악당)	

① 가, 다, 마
② 가, 라, 마
③ 나, 다, 마
④ 다, 라, 마
⑤ 가, 나, 다, 라, 마

42. 봉합사를 별도산정할 수 있는 것끼리 묶인 것은?

① 치조골성형술, 치근단절제술, 매복치발치
② 매복치 발치, 구강내소염수술, 치근단절제술
③ 치조골성형술, 치은박리소파술, 치은절제술
④ 치은박리소파술, 치은판절제술, 치관확장술
⑤ 치은박리소파술, 치은절제술 , 치은판절제술

43. 치주치료 산정기준에 대한 설명으로 옳지 <u>않은</u> 것은?

① 치근활택술은 1개 치아에 시행하여도 100%로 인정한다.
② 치석제거는 구치부 1-2개 치아 시행 시 치석제거의 50%만 산정한다.
③ 치주소파술은 1일 최대 3회(1악)까지 산정 가능하다.
④ 치근활택술은 급성, 만성 상병명 모두 사용가능하다.
⑤ 치주소파술은 국소마취가 필수가 아니다.

44. 치주치료 후처치가 바르게 연결된 것은?

① 치은판 절제술 - 치주치료후처치 가.
② 치관확장술 - 치주치료후처치 가.
③ 치은절제술 - 치주치료후처치 나.
④ 치주소파술 - 치주치료후처치 나.
⑤ 치은박리소파술 - 치주치료후처치 가.

45. 동일부위 치주치료 재시행에 관한 설명 중 옳은 것은?

① 치석제거 4개월 초과 – 치석제거 100%
② 치근활택술 5개월 초과 – 치근활택술 100%
③ 치은박리소파술 6개월 이내 – 치은박리소파술 100%
④ 치주소파술 1개월 이내 – 치주치료 후처치 나.
⑤ 치주소파술 1~3개월 이내 – 치주소파술 100%

46. 다음 설명하는 진료는 어떤 진료인가?

> 치은 증식 또는 비대 치은에 산정한다.

① 치은판절제술　　　② 치은절제술
③ 치관확장술　　　　④ 치은박리소파술
⑤ 치주소파술

47. 치석제거 나.(전악)에 대한 설명으로 옳지 <u>않은</u> 것은?

① 후속 치주질환 치료 없이 전악 치석제거만으로 치료가 종료되는 경우 연 1회 급여 산정 가능하다.
② 진료 전 요양기관정보마당 사이트에 들어가서 자격조회를 시행 후 잔여 횟수가 남아있는지 확인한다.
③ 만 20세 이상 환자가 적용 받는다.
④ 매년 1월 1일부터 12월 31일까지이다.
⑤ 횟수 초과하였을 경우 비급여로 산정한다.

48. 보험 틀니 유지관리 중 산정기준이 다른 하나는?

① 첨상 직접법　　　② 교합조정
③ 의치상조정　　　④ 인공치수리
⑤ 조직조정

49. 다음 설명에서 유지관리 행위는?

> 의치의 사용으로 조직에 궤양이나 불편감이 존재하여 압력 지시재를 사용하여 과도한 압력부위를 삭제한 후 의치 내면을 조정하는 경우

① 개상　　　　　　② 인공치수리
③ 의치상조정　　　④ 의치상수리
⑤ 조직조정

50. 급여 임플란트에 대한 설명으로 옳은 것은?

① 만 65세 이상 완전 무치악 환자
② 분리형 식립재료로 식립 한 경우
③ 상악동을 관통하여 관골에 식립한 경우
④ 1인당 개수 제한이 없다.
⑤ 보철 수복 재료는 금속도재관이다.

모의고사 4회차

01. 진료비 구성에 해당하는 것으로 적절하게 묶인 것은?

가. 진찰료 나. 약제료
다. 재료대 라. 행위료
마. 진료행위 가산율

① 가, 나
② 가, 다
③ 기, 나, 다
④ 나, 다, 라
⑤ 가, 나, 다, 라, 마

02. 만 6세 미만 소아 환자가 치과 의원에서 치면열구전색 치료를 받았을 때 적절한 설명으로 옳지 <u>않</u>은 것은?

① 치면열구전색 행위료의 30% 가산이 가능하다.
② 러버댐은 장착료는 별도 산정 불가하다.
③ 본인 부담금은 10%만 부담하면 된다.
④ 치근단 촬영 시 방사선 단순촬영의 10% 가산이 된다.
⑤ 2년 이내 탈락 시 초, 재진료만 산정 가능하다.

03. 국민건강보험 가입자의 본인부담금 내용으로 옳은 것을 고르시오.

① 치과 의원에서 만 6세 환자의 본인부담률은 21%이다.
② 치과 의원에서 만 65세 이상 환자의 본인 부담률은 1,500원이다.
③ 임신부의 본인 부담률은 의원급 병원급 상관없이 10%이다.
④ 치과 병원에서 만 60세 환자의 본인 부담률은 40%이다.
⑤ 치과 병원에서 만 65세 환자의 총 진료비가 25,000원이 나왔다. 이 경우 본인 부담금은 2,500원이다.

04. 의료급여 1종 환자가 치과 의원에서 마취 후 #46 발치를 시행하였다. 약 처방까지 받았다. 이 경우 본인 부담금으로 옳은 것은?

① 1,000원
② 1,500원
③ 2,000원
④ 10%
⑤ 20%

05. 다음 중 요양기관종별가산 적용 항목으로 올바른 것은?

가. 진찰료
나. 아말감 캡슐
다. 치석제거 (나)
라. 레진상 완전 틀니 1단계
마. 교합조정

① 가, 나
② 가, 나, 다
③ 다, 마
④ 다, 라, 마
⑤ 가, 나, 다, 라, 마

06. 다음 보기 중 알맞은 기본 진찰료와 적절하게 연결된 것은?

> 가. 나진상은 23/11/11 내원하여 파노라마를 촬영하였다.
> 12/16일 내원하여 이전 파노라마를 참고하여
> #48 사랑니 발치를 시행하였다.
>
> 나. 한똑똑은 23년 국가 검진 대상자라 검진 시행 후 다음날 내원하여 치석제거(가) 시행하였다.
>
> 다. 이모범은 타치과 발치 후 내원하여 발치와재소파술을 시행하였다.

	가	나	다
①	초진	재진	재진
②	초진	초진	재진
③	초진	초진	초진
④	재진	재진	초진
⑤	재진	초진	초진

07. 의료급여 1종 수급권자 중 본인 부담금 면제가 되는 대상자로 올바른 것은?

① 선택 병의원 의료기관 이용자
② 노숙자
③ 20세 미만인 자
④ 등록 천식 질환자
⑤ 가정간호 대상자

08. 다음 중 기본 진찰료로 산정하는 경우가 <u>아닌</u> 것은?

① 진단서를 발급해주는 경우
② 고정장치 제거 후 시행하는 d/r
③ 사랑니 발치 후 시행한 약 처방
④ 치아 사이에 낀 음식물을 제거하는 경우
⑤ 큐레이 펜 장비를 이용하여 구내 사진을 찍은 경우 초, 재진료의 100%를 산정한다.

09. 처방료 산정기준으로 옳지 <u>않은</u> 것은?

① 비급여 임플란트 진료 후 처방전은 '기타'로 발급한다.
② 애니펜정 400mg 처방 대신 200mg 2개로 처방을 낸다.
③ 헥사메딘은 1회 100ml 이내로 처방을 낸다.
④ 처방전 사용기간 이내 처방전을 분실하여 재발급 하는 경우 별도로 진찰료를 산정할 수 없다.
⑤ 고가의 약은 환자 부담이 될 수 있어 피한다.

10. 다음 보기 중 비급여 진료로 적절하게 묶인 것은?

> 가. 자가중합형 복합레진　　나. 치관노출술
> 다. 교합음도검사　　　　　　라. 외과적 치아정출술
> 마. MTA

① 가, 다
② 나, 다, 마
③ 나, 다, 라, 마
④ 가, 라, 마
⑤ 가, 나, 다, 라, 마

11. 진료행위와 상병이 적절하게 연결된 것을 고르시오.

① #46 보철물 탈락
　- k08.1 사고, 추출 또는 국한성 치주병에 의한 치아 상실
② #23 i&d - k04.7 동이 없는 근단주위농양
③ #26 치면열구전색 - k02.1 상아질의 우식
④ #44 치조골 성형술 - k10.3 턱의 치조염
⑤ #11 치관확장술 가. 치은절제술 - k05.5 기타 치주질환

12. 치주치료 시 적용 가능한 상병으로 적절하지 <u>않은</u> 것은?

① k05.31 만성 복합 치주염
② k05.32 만성 치관 주위염
③ k04.5 만성 근단 치주염
④ k06.18 기타 명시된 치은 비대
⑤ k05.5 기타 치주질환

13. 다음 중 상대가치점수가 올바르게 고저된 것은?

① 근관와동형성 < 발수
② 근관확대 < 근관 성형
③ 난발치 < 치조골성형술
④ 치주치료후처치 나. < 수술후처치
⑤ 치수복조 < 보통처치

14. 다음 중 동일부위 동시산정이 다른 하나는?

① 구강내소염술 + 근관세척
② 근관내기존충전물제거 + 발수
③ 치수절단 + 충전 처치
④ 잠간고정술 + 교합조정술
⑤ 발수 + 치아파절편 제거

15. 다음 중 중 행위와 정의가 올바르게 연결된 것은?

가. #46 우식 제거 후 ZOE로 임시 충전하였다.
나. #33 신경치료 도중 caviton이 탈락하여 재충전을 시행하였다.
다. #24 우식 제거 도중 치수가 미세하게 노출되어 dycal로 노출된 부분의 염증을 억제하였다.

	가	나	다
①	보통처치	치아진정처치	치수복조
②	보통처치	치수복조	치아진정처치
③	치아진정처치	치수복조	보통처치
④	치아진정처치	보통처치	치수복조
⑤	치수복조	보통처치	치아진정처치

16. 다음 중 설명하는 행위로 맞는 것은?

치아 맹출을 위한 개창술로 부분 맹출치아 또는 유치의 치관 상방을 덮고 있는 치은 조직 절제를 시행한 경우 시행한나.

① 치은성형술　　② 치은판 절제술
③ 치은절제술　　④ 치관 확장술
⑤ 근단변위판막술

17. 치과 마취에 대한 설명으로 옳지 않은 것을 고르시오.

① #55 치아의 경우 전달 마취 산정 가능하다.
② #48 발치 시 침윤마취를 시행하였으나 통증을 호소하여 전달 마취를 시행하였다. 이 경우 전달마취만 인정된다.
③ 마취에 사용한 앰플은 개수 상관없이 인정 가능하다.
④ 만 70세 노인의 마취 시 마취료의 30%가 가산된다.
⑤ 마취료는 행위료 + 약제료 + 의약품 관리료로 구성된다.

18. 진료 내역의 치근단 촬영 횟수를 구하시오.

c.c 오른쪽 아래 충치가 있는 것 같아요.

tx. #45, 46 치근단 1매(Digital) K02.1 상아질의 우식
　　#46 PE , AO, CE, CS , CI, K04.01 비가역적 치수염
　　WLD 시 FILE 넣고 각도 달리 치근단 2매(Digital)
　　#46 CF 치근단 1매(Digital)

① 치근단 촬영 동시 2매 4회
② 치근단 촬영 동시 2매 2회 + 치근단 촬영 판독 2회
③ 치근단 촬영 판독 2회 + 치근단 촬영 동시 2매 1회
④ 치근단 촬영 판독 4회
⑤ 치근단 촬영 판독 2회 + 치근단 촬영 동시 3매 1회

19. 파노라마 산정기준이 <u>아닌</u> 하나는?

① 매복 치아의 치아 위치, 형태, 매복 정도의 평가를 위해
② 초기 치주질환 관찰을 위해 촬영하는 경우
③ 외상으로 개구가 제한되어 구내 촬영이 불가능한 경우
④ 턱관절 부위 관찰을 위하여
⑤ 기타 치근단 촬영만으로 진단이 불충분한 경우

20. Cone Beam ct 촬영이 가능한 경우로 옳지 <u>않은</u> 것은?

① 3치관 크기 이상의 치근낭
② #38 하치조신경관과 겹쳐 보여 위험도가 높은 경우.
③ 스프린트 치료에 반응하지 않는 측두하악장애
④ 치근 절제술을 요하는 경우로서, 해부학적으로 위험한 상태일 경우
⑤ 타액선 결석 진단을 하는 경우

21. 다음 진료에서 즉일충전처치와 충전처치 적용이 올바른 것은?

> 가. 당일 치수 절단 후 글래스아이오노머 충전
> 나. 일주일 전 근관충전 후 아말감 충전 시행함
> 다. 당일 치경부 부위 기존 재료 제거 후
>   글래스아이오노머 충전

	가	나	다
①	충전처치	충전처치	충전처치
②	충전처치	즉일충전처치	즉일충전처지
③	충전처치	충전처치	즉일충전처치
④	즉일충전처치	충전처치	즉일충전처치
⑤	즉일충전처치	즉일충전처치	즉일충전처치

22. 러버댐 장착을 산정할 수 있는 것으로 모두 고르시오.

> 가. 광중합형복합레진   나. 치아진정처치
> 다. 근관충전   라. 응급근관처치
> 마. 치수절단

① 가, 나, 라

② 가, 다, 라

③ 다, 마

④ 나, 다, 마

⑤ 가, 다, 마

23. 지각과민처치에 대한 설명으로 올바른 것은?

① bis block를 도포하면 지각과민처치 (가)이다.

② prep 한 치아에 시림을 호소하여 gluma를 도포 하였을 경우 청구 가능하다.

③ single bond를 도포한 후 일주일 뒤 내원하였다. 이 경우 진찰료만 산정 가능하다.

④ 사용한 약제는 별도산정 가능하다.

⑤ super seal의 경우 6개월 이내 재실시할 경우 진찰료만 산정 가능하다.

24. 광중합형 복합레진 충전 산정기준으로 옳은 것은?

① 만 12세 미만 아동에 적용 가능하다.

② 사랑니에 실시한 경우에도 적용 가능하다.

③ 우식증이 있는 치아에 보철을 목적으로 광중합형 복합레진을 실시한 경우 요양급여로 인정한다.

④ 광중합형 복합레진은 충전과 즉일충전처치를 구분하지 않는다.

⑤ 1일 최대 6치까지이다.

25. 보철물 제거와 재부착에 대한 설명으로 옳은 것은?

① #25x27 bridge 보철물 재부착을 한 경우 횟수 3회로 산정한다.

② 브릿지 크라운을 제거하고 상태 평가 후 발치가 이루어진 경우에 발치만 인정한다.

③ ss crown 제거 시 보철물 제거 복잡으로 산정한다.

④ 당일 보철물 제거 후 내부 gi core를 제거하는 경우 보철물 제거 복잡으로 산정한다.

⑤ sp crown의 경우 보철물 재부착을 산정할 수 없다.

26. 치면열구전색술에 대한 설명으로 옳지 않은 것은?

① 1치당으로 산정한다.

② 타 치과 치면열구전색 후 탈락하여 내원한 경우 100% 산정 가능하다.

③ 사용한 재료대인 러버댐은 별도 산정 불가하다.

④ 교합면에 충치가 없어도 협면에 충치가 있으면 산정 불가하다.

⑤ 만 8세미만 소아 환자가 치면열구전색을 시행한 경우 행위료의 30% 가산이 가능하다.

27. 급여 틀니 산정기준으로 괄호에 알맞은 내용은?

> 치과 보험 틀니의 급여 대상은 만 65세 이상의 건강보험 가입자 또는 피가입자이다. (　가　)년 이내 1회를 원칙으로 한다. 틀니의 본인부담률은 요양급여비용 총액의 30%이다. 의료급여 1종의 경우 (　나　)% 2종의 경우 (　다　)%이다.

	가	나	다
①	7년	15%	5%
②	7년	5%	10%
③	7년	30%	30%
④	7년	5%	10%
⑤	7년	5%	15%

28. 틀니유지관리에 대한 설명으로 옳은 것은?

① 급여틀니 장착 이후 3개월 이내 유지관리는 진찰료만 산정할 수 있다.
② 교합조정은 1치당으로 산정한다.
③ 임시틀니의 유지관리는 급여 틀니와 똑같이 적용한다.
④ 의치 내면에 연질 이장재를 적용하여 시간이 지난 후 과잉의 연질 이장재를 제거하는 경우 의치상조정이다.
⑤ 급여 틀니 유지관리 상병명은 k08.1 사고, 발치 또는 국한성 치주병에 의한 치아상실이다.

29. 근관치료 산정기준으로 옳지 <u>않은</u> 것은?

① 발수 시 사용한 Barbed-Broach는 1근관당으로 산정한다.
② 발수 한 당일 구강내소염술을 시행한 경우 각각 산정 가능하다.
③ NI-TI file을 사용한 경우 1회에 한하여 1치당 산정한다.
④ 유치의 경우 근관장측정검사 산정 불가하다.
⑤ MTA를 사용하였을 경우 비급여로 산정 가능하다.

30. 근관내기존충전물 제거에 대한 설명으로 옳은 것은?

① NI-TI FILE은 산정 불가하다.
② 보철물 제거 후 근관내기존충전물제거를 시행한 경우 100 : 50으로 산정한다.
③ 치수염 상병으로 청구 가능하다.
④ 근관치료 완료 후 한달 이내 재근관치료는 산정 불가하다.
⑤ 근관장측정검사는 산정 가능하다.

31. 동일 치아에 2가지 진료를 시행하는 경우 산정기준이 다른 하나를 고르시오.

① 치아파절편제거 + 발수
② 근관내기존충전물제거 + 근관와동형성
③ 근관충전 + 스케일링
④ 당일발수근충 + 근관장측정검사
⑤ 치수 절단 + 러버댐장착

32. 발수 시 마취가 필요 없는 상병명은?

① k04.0 가역적 치수염
② k04.1 치수의 괴사
③ k02.8 기타 치아 우식
④ k02.5 치수 노출이 있는 우식
⑤ k02.2 시멘트질의 우식

33. 치수절단의 산정기준에 대한 설명으로 올바른 것은?

① 1근관당으로 산정한다.
② 유치는 산정 불가하다.
③ 근단 병소가 있는 경우 산정 가능하다.
④ 동일 치아에 치수 절단과 충전을 시행한 경우 충전만 시행할 수 있다.
⑤ 미성숙 영구치의 치료 시 자주 시행한다.

34. 발치에 관한 설명으로 올바른 것은?

① 유치의 경우 치근 분리를 시행하여도 난발치로 산정할
　수 없다.
② #44 발치와 치조골성형술을 동시에 하는 경우
　발치 0.5회 치조골 성형술 1회이다.
③ 발치 시 실시한 봉합술에 사용한 SILK는
　별도 산정 가능하다.
④ 교정 치료를 목적으로 치관주위염 치아를 발치한 경우
　비급여로 산정한다.
⑤ 난발치의 경우 X-RAY 없이 시행하여도 된다.

35. 치조골성형술을 시행한 경우 산정기준에 대한
설명으로 올바른 것은?

① 다수 치아를 시행하여도 1회로 산정한다.
② BURR 는 산정 가능하지만 SILK는 산정 불가하다.
③ 발치와 동시에 치조골성형술을 시행한 경우 치조골
　성형술만 산정 가능하다.
④ 매복치 발치에서 치조골성형술을 시행한 경우 매복치
　발치만 산정가능하다.
⑤ 치조골 성형술의 상병명은 k10.3 턱의 치조염이다.

36. 구강내소염술 산정기준으로 적절하지 <u>않은</u> 것은?

① 1치당으로 산정한다.
② 당일 2부위 이상 시행하는 경우
　주된 부위 100% 그 이외 부위 50%로 산정하여 최대
　200% 산정가능하다.
③ 발치와 구강내소염술을 시행한 경우 발치만 산정한다.
④ 시술 후 재시행 한 경우 100% 재산정 가능하다.
⑤ 사용한 SILK는 산정 가능하다.

37. 후처치가 적절하게 연결되지 <u>않은</u> 하나는?

① 치조골성형술 - 수술후처치 가.
② 구강내소염술 - 수술후처치 가.
③ 치관 확장술 가. - 치주치료후처치 나.
④ 치은판절제술 - 치주치료후처치 나.
⑤ 치주소파술 - 치주치료후처치 가.

38. 치근단 절제술에 관한 설명으로 옳지 <u>않은</u> 것은?

① 전치와 구치로 구분하여 산정 할 수 있다.
② 근단 절제에 사용한 BURR의 경우 BURR 가.로 산정
③ 당일 치근낭적출술을 동시 시행한 경우
　주된 치료 100% 낮은 수가 50%로 산정한다.
④ X-RAY 촬영이 필수이다.
⑤ 치근단절제술 후 시행하는 역근관충전은
　별도 산정 가능하다.

39. 구강외과 치료에 대한 설명이다. 설명 중 옳은 것
을 1개 고르시오.

① 발치 치아를 스케일링한 경우 각각 산정 가능하다.
② 외상으로 치아가 완전 탈락되어 다시 치아를 제 위치
　행위는 탈구치아정복술이다.
③ 구강내열상봉합술에 사용한 SILK는 산정 불가하다.
④ 설소대성형술 시 Z-plasty를 시행한 경우 설소대성형술
　간단으로 산정한다.
⑤ 치아재식술 후 dressing은 수술후처치 가.이다.

40. burr 가. 항목으로 묶인 것은?

> 가. 치조골 성형술
> 나. 완전 매복치 발치
> 다. 치근절제술
> 라. 치과 임플란트 제거술
> 마. 치은박리소파술 나.

① 가, 나, 라　　　　　② 가, 나, 라, 마
③ 가, 나, 다　　　　　④ 가, 다, 마
⑤ 가, 나, 다, 라, 마

41. 치주치료 산정기준에 대한 설명으로 옳은 것은?

① 치주낭 측정검사의 경우 1일 최대 3회 가능하다.
② 동일 부위 치석제거와 교합조정술을 동시 시행한 경우
　100:50으로 산정한다.
③ 치아 착색물 제거 목적의 치석제거는 비급여다.
④ 급성 상태인경우 전처치 없이 치주소파술 산정 가능하다.
⑤ 성인 환자의 치태 제거 시 치면세마 산정 가능하다.

42. 치주질환 처치 시 재시행 기준으로 올바르게 연결된 것은?

| 가. 치석 제거 후 1개월 초과 3개월 이내 ( )% |
| 나. 치근활택술 후 1개월 초과 3개월 이내 ( )% |
| 다. 치은절제술 1개월 초과 3개월 이내 ( )% |

		가	나	다
①	치주치료후처치 간단	100%	50%
②	치주치료후처치 간단	50%	50%
③	치주치료후처치 간단	100%	100%
④	지수치료후처치 간단	50%	100%
⑤	치주치료후처치 간단	50%	치주치료후처치 복잡

43. 다음 설명하는 진료의 산정단위는?

| 근관치료를 시행하고 치관길이 연장 목적으로 시행하는 진료. |

① 1/3악당 ② 1치당
③ 1구강당 ④ 1/2악당
⑤ 1악당

44. 잠간고정술에 대한 설명으로 옳지 <u>않은</u> 것은?

① 3치 이하 4치 이상으로 산정한다.
② 광중합형 복합레진을 이용하여 치료한 경우 재료대 별도 산정 가능하다.
③ 잠간고정술과 교합조정술을 동시 시행한 경우 100 : 50 으로 산정한다.
④ 후처치는 원인이 되는 후처치로 산정한다.
⑤ 잠간고정술은 1악당으로 산정한다.

45. silk 산정할 수 있는 항목으로 바르게 연결된 것은?

| 가. 치과 임플란트 제거술   나. 구강내소염술 |
| 다. 치은박리소파술   라. 치아재식술 |
| 마. 치은절제술 |

① 가, 라 ② 가, 나, 다, 마
③ 나, 다, 마 ④ 나, 다, 라
⑤ 가, 나, 다, 라, 마

46. 해당 치식의 적용 횟수가 옳은 것은?

① #33, 34 치주낭 측전검사 - 2회
② #43, 44 치근 활택술 - 2회
③ #13, 14 치석제거 가. - 2회
④ #33, 34 치관확장술 가. - 1회
⑤ #24, 25 치은절제술 - 2회

47. 동일 부위 동시 산정 할 수 없는 진료행위를 고르시오.

① 발치 + 발치와재소파술
② 치근단절제술 + 치근낭적출술
③ 치근활택술 + 교합조정술
④ 치아 재식술 + 잠간고정술
⑤ 가압근관충전 + 치근단절제술

48. 진료비 고저가 올바르지 <u>않은</u> 한 개는?

① 난발치 + burr < 매복치 발치
② 치은절제술 < 치은박리소파술
③ 치근활택술 < 구강내소염술
④ 치근단절제술 < 치근낭적출술
⑤ 탈구치아정복술 < 치아재식술

49. 급여 임플란트 산정기준에대한 내용으로 올바른 것은?

① 3개월 이내 6회까지 진찰료만 산정한다.
② 3개월 초과 후 음식물 끼임으로 보철물 재제작 한 경우
   진찰료만 산정한다.
③ 치과 임플란트 주위 치주질환으로 처치한 경우
   급여 산정 가능하다.
④ 임플란트 제거 시 사용한 버는 별도 산정 불가하다.
⑤ 보험 임플란트 2단계 식립 후 실패 시
   임플란트 제거술 청구 가능하다.

50. 급여 임플란트에 대한 산정기준으로 옳지 <u>않은</u> 것은?

① 만 65세 이상 완전 무치악 환자
② 진료 단계별로 비용을 산정하고
   각 진료 단계 종료 시 청구한다.
③ custom abutment를 사용한 경우 재료대 청구 불가하다.
④ 임플란트 시술에 골이식을 동반한 경우
   비급여로 산정할 수 있다.
⑤ 전치부 구치부 구분 없이 1인당 2개까지이다.

모의고사 5회차

01. 연령별 가산율에 대한 내용으로 옳은 것을 고르시오.

	가산 내용	
만 6세 미만	방사선 단순 영상촬영료	가.
	방사선 특수영상 촬영료	나.
만 8세 미만	마취 가산	다.
만 70세 이상		

	가	나	다
①	10%	20%	30%
②	15%	20%	30%
③	15%	30%	30%
④	5%	15%	30%
⑤	10%	30%	30%

02. 야간 진료 시 가산할 수 있는 항목에 대한 설명으로 적절하지 <u>않은</u> 것을 고르시오.

① 평일 18 : 00 ~ 익일 09 : 00 사이 진료를 할 경우 기본 진찰료의 30%를 가산한다.

② 치과 의원에서 토요일 11 : 30분 내원하여 환자를 진료하였을 경우 기본진찰료의 30%를 가산한다.

③ 평일 17 : 50분 접수 후 18 : 05 진료를 시행하였다. 이 경우 야간진료 가산이 적용되지 않는다.

④ 평일 08 : 50 접수 후 09 : 05분에 진료를 시행하였다. 이 경우 야간진료 가산이 적용되지 않는다.

⑤ 만 8세미만의 소아 진료 시 오후 20 : 00 ~ 익일 07시 사이에 진료를 할 경우 기본진찰료의 200% 가산한다.

03. 소아에게 적용되는 가산율에 대한 설명으로 옳은 것을 고르시오.

① 만 7세 소아의 치면열구전색 시 30% 행위가산이 적용된다.

② 만 7세 소아의 발치 진료 시 30% 행위가산이 적용된다.

③ 만 6세 소아의 #65 당일발수근충을 시행하였다. 이 경우 30% 행위가산이 적용된다.

④ 만 7세 소아의 치근단 촬영 시 10% 행위 가산된다.

⑤ 만1세이상 ~ 만6세미만 소아는 초진료에 9.08이 가산된다.

04. 다음 중 옳은 것을 고르시오.

① 치과 병원에 내원한 의료급여 환자는 행위 가산이 적용되지 않는다.

② 방사선 일반영상진단료는 종별 가산을 적용한다.

③ 약제 수가에는 마취 앰플, 봉합사 등이 있다.

④ 6세미만 소아에게는 방사선일반영상진단료 15%가 가산된다.

⑤ 공휴일 야간에 내원 시 중복 가산이 적용된 진찰료를 산정할 수 있다.

05. 본인부담금에 대한 설명으로 옳은 것은?

① 만 60세 건강보험 환자가 치과의원에서 총 진료비 24,000원인 경우 본인부담금 7,200원이다.

② 만 8세 건강보험 환자가 치과의원에서 광중합형복합레진 치료 시 본인부담금 10%만 부담한다.

③ 만 5세 건강보험 환자가 치과병원에서 총 진료비 40,000원인 경우 본인부담금 16,000원이다.

④ 만 40세 의료급여 1종 환자가 치과 병원에서 약처방만 받았을 경우 본인부담금은 2,000원이다.

⑤ 만 12세 의료급여 1종 환자가 치과의원에서 치면열구전색술을 한 경우 본인부담금 5%만 부담한다.

06. 의료급여 1종 20세 환자가 치과병원에 내원하였다. 파노라마 촬영 후 #48 매복치 발치를 시행하였는데 이때 본인 부담금은 얼마인가?
(약 처방을 함께 시행하였다.)

① 1,000원
② 1,500원
③ 2,000원
④ 2,500원
⑤ 총액의 15%

07. 건강보험대상 환자들의 본인부담금이 동일한 것끼리 고르시오.

가. 6세 환자가 치과의원에서 발치를 하였을 때
나. 64세 환자가 치과병원에서 치근활택술을 받았을 때
다. 66세 환자가 치과의원에서 즉일충전처치를 하고 총 진료비가 20,000원이 나왔을 때
라. 8세 환자가 치과 의원에서 치수절단을 받았을 때
마. 70세 환자가 치과 의원에서 총 진료비가 25,000원이 나왔을 때

① 가, 다, 마
② 가, 라
③ 가, 라, 마
④ 나, 마
⑤ 나, 라, 마

08. 다음 표에 빈칸을 채우시오.

구분	6세 미만	6세 이상 ~ 65세 미만
치과의원	(가)%	(다)%
치과병원	(나)%	(라)%

	가	나	다	라
①	5%	10%	30%	40%
②	5%	10%	30%	40%
③	10%	20%	30%	40%
④	21%	28%	30%	40%
⑤	21%	28%	21%	40%

09. 다음 보기중 비급여 시술인 것은??

① 풍치로 내원한 환자의 치아 동요도 검사
② 가역적치수염 환자에게 치수 냉온 검사를 실시하였다.
③ 치아 머리 부분이 매복되어 치관노출술을 시행하였다.
④ 구강건조증인 환자에게 불소를 도포하여 치아우식증 예방하였다.
⑤ 자가중합형 복합레진을 사용하여 #46 충전처치 하였다.

10. 다음중 비급여 항목이 <u>아닌</u> 것은?

① resin core
② MTA sealer
③ 치태조절교육
④ 치관노출술
⑤ 임플란트 골이식술

11. 다음 중 보험 임플란트 시술 시 비급여로 받을 수 있는 항목은?

① 임플란트 시술 시 사용한 cover screw
② 임플란트 impression에 사용한 coping
③ 일체형 식립 재료의 고정체
④ 당뇨 환자에게 시행된 당검사
⑤ 임플란트 2차 수술 시 사용한 healing abutment

12. 다음 중 진찰료 산정기준으로 옳지 않은 것은?

① 진찰료는 기본진찰료와 외래관리료로 구성된다.
② 해당 상병으로 우리 병원 동일 의사에게 치료받은 경험이 없는 환자를 초진으로 산정한다.
③ 치료 종결 후 30일 이내 같은 이유로 재내원 시 진료가 끝났기 때문에 초진으로 산정한다.
④ 만성 치주질환 치료 시 완치여부가 불분명하기 때문에 동일 부위 90일 이내 치료 시 재진이다.
⑤ 환자의 거동이 곤란하여 환자 가족이 내원해 약처방만 발급하는 경우에는 재진료의 50%를 산정한다.

13. 진찰료 산정기준이 다른 하나는 무엇인가?

① 교정 상담을 위해 내원한 경우
② 미백 치료를 위해 내원한 환자가 치은염으로 인하여 스케일링을 받고 간 경우
③ 심한 구내염으로 알보칠 도포를 하고 간 경우
④ 교정 치료 중 충치로 인하여 사랑니 발치를 진행한 경우
⑤ 치아를 상실하여 구강 검사만 받고 간 경우

14. 교합조정에 적용할 상병명으로 적절하지 <u>않은</u> 하나는?

① k05.20 동이없는 잇몸기원의 치주 농양
② k07.4 상세불명의 부정교합 등
③ k07.2 치열궁 관계의 이상
④ s03.20 치아의 함입 또는 정출
⑤ k07.60 턱관절 내장증

15. 치수절단에 적용할 상병명으로 적절하지 <u>않은</u> 하나는?

① k02.5 치수 노출이 있는 우식
② k04.2 치수의 변성
③ k04.4 가역적치수염
④ k04.6 동이있는 근단주위농양
⑤ k02.2 백악질 우식증

16. 지각과민처치에 적용할 상병명으로 적절하지 <u>않은</u> 것을 고르시오.

① k03.8 민감성 상아질
② k03.10 치아의 치약 마모
③ k6.00 국소적 치은퇴축
④ k03.11 치아의 습관성 마모
⑤ s02.53 치수침범이 없는 치관 파절

17. 치은절제술에 적용할 상병명으로 적절하지 <u>않은</u> 것은?

① k02.2 시멘트질의 우식
② k05.11 증식성 만성 치은염
③ k05.30 만성 단순치주염
④ k6.10 치은섬유종증
⑤ k06.18 기타 명시된 치은 비대

18. 다음 지문은 어떤 행위를 설명하였다. 해당하는 술식은 무엇인가?

```
c.c 앞니가 부러졌어요. 덜렁덜렁 거려요

tx : #13 periapical 1매,
     infilt inject
     lidocaine 1 ample
     root fracture remove
     ao, pe, ce, cs 시행함

NEXT : #13 ci
```

① 보통처치
② 치아파절편제거
③ 응급근관처치
④ 치수절단술
⑤ 치근분리술

19. 다음 행위를 진행하였을 때 해당하는 술식은?

```
c.c 치아가 꺼끌거려요.

tx : #46 occlusal fracture
     grinding 시행

NEXT : #46 증상 없으면 그냥 쓰시기로
```

① 충전물연마
② 보통처치
③ 기본진찰료
④ 교합조정
⑤ 충전

20. 근관치료 후 임상적인 치관 길이가 짧아 보철 제작이 힘들 경우 치은의 일부를 제거하여 치관 길이를 연장할 수 있다. 이 행위는 무엇인가?

① 치관확장술 가. 치은절제술
② 치은박리소파술
③ 치은절제술
④ 치은판절제술
⑤ 치은신부착술

21. 다음 중 두가지 진료를 동시에 시행하였을 때 적절한 횟수를 고르시오.

| #33 전치 발치 | (가)회 |
| #33 치조골 성형술 | (나)회 |

	가	나
①	0회	1회
②	1회	0회
③	0.5회	1회
④	1회	0.5회
⑤	1회	1회

22. 고길동씨는 넘어지면서 #21 치아가 아탈구된 채로 치과를 방문하였습니다.
이때 치아를 제자리에 원위치 시킨 다음 wire를 사용 고정, 교합지를 사용하여 교합조정까지 시행하였는데요.
이때 청구 횟수가 알맞은 것은?

① 탈구치아정복술 1회 잠간고정술 1회 교합조정 0회
② 탈구치아정복술 1회 잠간고정술 1회 교합조정 0.5회
③ 탈구치아정복술 1회 잠간고정술 1회 교합조정 1회
④ 탈구치아정복술 1회 잠간고정술 0.5회 교합조정 1회
⑤ 탈구치아정복술 0회 잠간고정술 1회 교합조정 1회

23. 마취 산정기준으로 옳은 것은?

c.c 오른쪽 위에 어금니가 아파요

tx : #17 periapical 1매,
　　도포마취제 도포 후 infilt inject
　　lidocaine 1 ample
　　신경 제거 중 통증 호소하여
　　block inject 시행함 lidocaine 1 ample
　　5분 기다렸다가 치료 하였으나
　　염증 상태 심하여 치수강 직접 마취 시행
　　lidocaine 1 ample

NEXT : #16 ce,ci

① 침윤마취 3ample
② 침윤마취 + 치주인대 마취 3 ample
③ 후상치조전달마취 3ample
④ 침윤 마취 + 후상치조전달마취 3 ample
⑤ 후상치조전달마취 + 도포 마취 3 ample

24. 다음중 마취 산정횟수가 다른 하나는?

① #13 침윤마취 #24 침윤마취
② #16 침윤마취 #46 전달마취
③ #55 침윤마취 #75 침윤마취
④ #14 침윤마취 #17 전달마취
⑤ #13 침윤마취 #33 침윤마취

25. 다음 중 약 처방을 비급여로 해야 하는 경우는?

① 교정 치료 중 사랑니 치관주위염으로 발치 후 약처방
② #46 보험 임플란트 후 시행하는 약처방
③ 구내염으로 인한 헥사메딘 250ml 처방
④ 상악동염으로 인한 약처방
⑤ 비급여 임플란트 도중 발생한 만성 치주염으로 약처방

26. 처방전 재발급 시 산정기준으로 옳지 <u>않은</u> 것은?

① 처방전 사용기간 이내에 처방전을 분실하였을 경우
　이전 약과 동일하게 처방할 경우 진찰료를 산정할 수 없다.
② 이때 재발급한 교부번호는 이전 것을 그대로 사용한다.
③ 사용기간 경과 후 재발급 시 이전 약과 동일하게
　처방할 경우 진찰료 일부를 본인 부담한다.
④ 환자의 처방 및 조제 등에 소용되는 비용은 외래관리료다.
⑤ 약 처방에 문제가 있을 경우 기본 진찰료가 조정된다.

27. 다음 중 파노라마 산정기준 설명으로 옳은 것은?

① 부분적인 치주질환 상태 관찰을 위한 경우
② 임플란트 정기검진 목적으로 촬영하는 경우
③ 치아 맹출 여부 확인을 위한 경우 연령은 상관없다.
④ 매복치의 위치, 형태,매복 정도 확인을 위한 경우
⑤ 파노라마 촬영 일반과 특수를 동시에 시행한 경우
　1가지만 산정 가능하다.

28. 다음 중 ct 산정기준 설명으로 옳지 <u>않은</u> 것은?

① 통상적인 근관 치료 시 비정상적으로 계속적인 동통을
　호소하는 경우
② 치근단 절제 또는 치아 재식술을 요하는 경우로써 해부
　학적으로 위험한 상태
③ 제3대구치의 경우 완전 매복치만 인정 가능하다.
④ cone beam ct는 방사선일반영상으로는 진단이 불확실
　한 경우에 한하여 요양급여를 인정한다.
⑤ 매복치의 경우 3차원 ct 일반으로 인정한다.

29. 다음 중 치근단이나 파노라마 촬영을 반드시 동
반하여야하는 진료로 바르게 묶인 것은?

가. 치은판절제술	나. 난발치
다. 매복치발치	라. 의도적치아재식술
마. 근관세척	

① 가, 마　　　　　　② 나, 다
③ 다, 라　　　　　　④ 나, 라
⑤ 나, 마

30. #14x12xxx23 보철물 제거 횟수로 알맞은 것은?

① 1회　　　　　　② 2회
③ 3회　　　　　　④ 4회
⑤ 5회

31. 다음 중 치아 파절편 제거에 대한 설명으로 옳지
<u>않은</u> 것은?

① 치아의 파절된 일부를 제거하는 경우 산정한다.
② 마취료는 별두 산정 가능하다.
③ 1치당 산정한다.
④ 남은 치아에 대하여 근관치료를 시행한 경우 주된 처치
　100 제 2처치 50으로 산정한다.
⑤ 치아파절편제거와 발치를 동시 시행 시 발치만 산정한다.

32. #24 GI Cervical 부위 즉일충전처치 후 1개월 이
내재료의 일부가 탈락되었다. 재충전 시 설명으로 옳지
<u>않은</u> 것은?

① 진찰료는 재진으로 산정한다.
② 기존 gi 재료 제거 시 수복물제거료는 간단으로 산정한다.
③ 즉일충전처치료와 충전료는 각각 100%로 산정 가능하다.
④ 사용한 재료대 100% 산정 가능하다.
⑤ 마취는 별도 산정 가능하다.

33. 다음 중 러버댐을 산정할 수 없는 진료 행위는?

① 즉일충전처치　　　　　② 치수절단
③ 발수　　　　　　　　　④ 광중합형복합레진
⑤ 당일발수근충

34. 다음 중 충전물연마에 대한 설명으로 옳지 <u>않은</u> 것은?

① 1치당 산정한다.
② 아말감 충전 후 연마 시 익일 산정 가능하다.
③ 비급여 재료로 충전 후 시행한 충전물 연마는
　산정 불가하다.
④ 초진에 타 치과에서 충전한 부위 연마만 시행한 경우
　반드시 내역설명을 기재한다.
⑤ 광중합형복합레진충전 당일 혹은 다른 날 내원하여
　충전물 연마를 시행한 경우 충전물 연마 산정 가능하다.

35. 다음 중 교합조정에 대한 설명으로 옳지 <u>않은</u> 것은?

① 1치당 산정한다.
② 교합지를 반드시 사용하여야 한다.
③ 1일 4치까지 산정한다.
④ 동일 부위 치석제거 및 치주치료와 동시 시행한 경우
　각각 100% 산정 가능하다.
⑤ 치아 탈구에 잠간 고정술과 교합조정술을 동시에
　시행한 경우 각각 100% 산정한다.

36. 보험 틀니에 대한 설명으로 옳지 <u>않은</u> 것은?

① 각각의 진찰료는 산정할 수 없다.
② 1단계와 동시에 시행한 파노라마는 별도 산정 가능하다.
③ 단계별 중복산정이 가능하다.
④ K08.1 사고,추출 또는 국한성 치주병에 의한 치아상실
　상병명을 적용한다.
⑤ 보험 부분틀니 등록 후 7년이 되지 않았어도
　보험 완전틀니 등록이 가능하다.

37. 다음 중 치수절단의 산정기준으로 옳지 <u>않은</u> 것은?

① 1치당 산정한다.
② 치수절단 후 충전은 충전으로 산정한다.
③ 러버댐 사용 시 별도 산정 가능하다.
④ 치수절단 후 보통처치는 2-3회정도 산정한다.
⑤ 이때 사용한 F.C 약제는 별도산정불가이다.

38. 다음 중 전기치수반응검사의 산정기준으로 옳지 <u>않은</u> 것은?

① 장비 신고 후 산정 가능하다.
② 전기 저항을 이용하여 치수 실활 여부 및 생활력을
　파악하는 검사이다.
③ 1치당 산정한다.
④ 외상으로 치수의 염증이 의심될 때 산정할 수 있다.
⑤ 치아 파절로 치수의 생활력이 의심될 때 산정한다.

39. 당일발수근충에 대한 설명으로 옳지 <u>않은</u> 것은?

① 1근관당 산정한다.
② 유치와 영구치 모두 산정 가능하다.
③ 원칙적으로 X-RAY 촬영이 동반되어야 한다.
④ Barbed-Broach와 File 또는 Ni-Ti File은 진료행위에
　포함되어 별도 산정 불가이다.
⑤ 실활치, 생활치 모두 산정 가능하다.

40. 다음 중 산정단위가 다른 하나는 무엇인가?

① 응급근관처치　　　　② Ni-Ti File
③ 치수절단　　　　　　④ 당일발수근충
⑤ 치수복조

41. 구강외과 진료에 대한 설명으로 옳은 것은?

① 유치 발치는 난발치 산정 불가이다.
② 발치와재소파술은 정해진 산정 횟수가 없다.
③ 치조골성형술은 1구강당 1회로 산정한다.
④ 구강내열상봉합술에 사용한 봉합사는 별도 산정 가능이다.
⑤ 치아재식술과 함께 실시한 근관치료는 진료행위에 포함
　되어 별도 산정 불가이다.

42. 부분적으로 맹출된 사랑니 주변 잇몸 염증으로
치관 부위를 덮고있는 치은 조직을 제거했을 때
이 술식의 행위는 무엇인가?

① 치은절제술   ② 치은판절제술
③ 치관확장술   ④ 치아재식술
⑤ 자가치아이식술

43. 치근단절제술에 대한 설명으로 옳지 않은 것은?

① 1치당 산정한다.
② 전치와 구치로 별도 구분하지 않는다.
③ 유치에는 산정 불가하다.
④ x-ray 촬영이 병행되어야한다.
⑤ 시술 시 행하는 치근단 폐쇄비용은 별도 산정 불가하다.

44. 다음 진료행위에 대한 설명으로 옳지 않은 것은?

> 발치 후 잔존 치조골이 너무 뾰족하게 형성되는 경우
> 예리한 골편을 제거하고 성형하는 술식이다.

① 1치당 산정한다.
② 무치악에도 산정할 수 있다.
③ 발치와 동시 시행하는 경우 주된 처치 100%
    제 2처치 50%로 산정한다.
④ 치은박리소파술(복잡)과 동시 시행한 경우
    주된 처치 100% 제 2처치 50%로 산정한다.
⑤ 시술 시 사용하는 봉합사는 별도 산정 가능하다.

45. 다음 중 치은판절제술 산정 기준으로 옳지 않은
것은?

① 1치당으로 산정한다.
② 발치와 치은판절제술을 동시에 시행한 경우
    발치만 인정된다.
③ 부분 맹출된 치아에 치은판 절제술을 시행하고
    치면열구전색 시행 시 각각 100% 산정 가능하다.
④ 후처치는 수술후처치 가. 로 산정한다.
⑤ 시술 시 사용하는 봉합사는 별도 산정 불가하다.

46. 다음 중 구강내소염술에 대한 설명으로 옳지 않
은 것은?

① 발치와 동시 시행 시 발치만 산정한다.
② 절개 없이 시행한 구강내소염술은 기본진찰료이다.
③ 재시행하는 경우 일반적으로 1회만 인정한다.
④ 일률적으로 후처치가 없는 경우 심사조정 될 수 있다.
⑤ 사용하는 봉합사는 별도 산정 가능하다.

47. 치석제거 가. 1/3악당에 대한 설명으로 옳지 않은
것은?

① 1/3악 중 1-2개 치아 시행 시 50% 산정 가능하다.
② 치주질환에 실시하는 부분치석제거인 경우 산정한다.
③ 동일부위 치석제거와 교합조정술을 동시에 시행한 경우
    주된 처치 100% 제 2처치 50%로 산정한다.
④ 3개월 이내 재시행시 후처치만 산정한다.
⑤ 다음번 치주치료가 동반되지 않은 경우 내역설명은
    필수이다.

48. 다음 중 봉합사 산정이 불가능한 행위는?

① 치은절제술   ② 치근단절제술
③ 협순소대성형술   ④ 치은성형술
⑤ 치은박리소파술 (간단)

49. 치주치료에 대한 설명으로 옳은 것은?

① 1-2개 치아 치주낭측정검사 시 100% 산정한다.
② 치주소파술은 급성 상병으로 산정 가능하다.
③ 치은박리소파술 시 사용한 bur는 별도 산정 가능하다.
④ 치관확장술은 치석제거 등의 전처치 없어도 산정 가능
    하다.
⑤ 잠간고정술 후 시행한 후처치는 치주치료후처치 가. 다.

50. 다음 중 보험 임플란트 산정기준으로 옳은 것은?

① 임플란트 골유착 실패로 재수술 시 재료대만 산정 가능
하다.
② 보철은 pfm만 인정한다.
③ 보철 장착 후 유지관리는 3개월간 6회까지이다.
④ 일체형 식립재료로 시술할 경우 적용한다.
⑤ 총 3단계로 구성되며 1, 2, 3단계
각각 단계별 청구를 원칙으로 한다.

치과보험청구사 3급

정답 및 해설

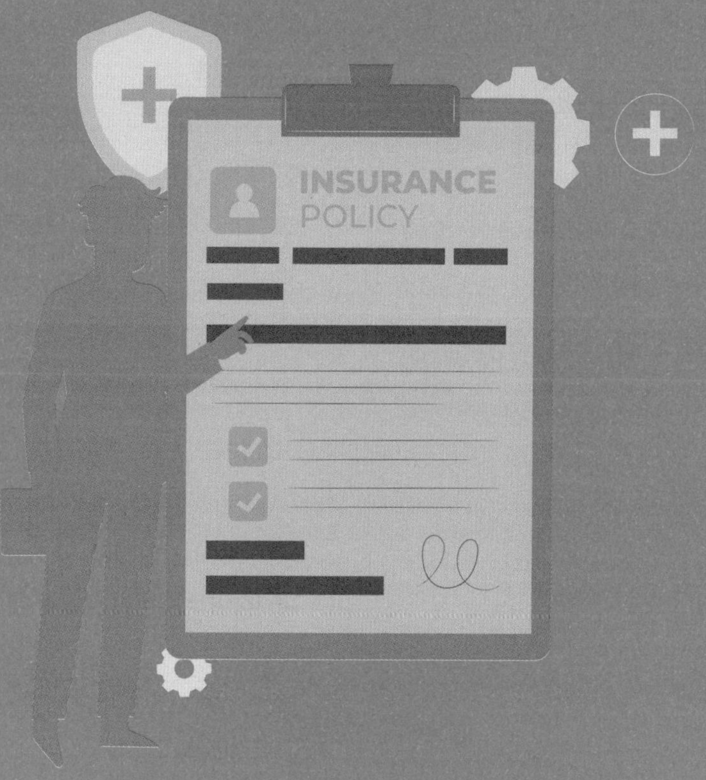

모의고사 1회차 해설

01. 건강보험 환자가 치과 병원에서 진료를 받는 경우 요양기관 종별 가산율은 어떻게 되는가?

① 2% ② 5%
③ 11% ④ 15%
⑤ 가산 X

✎ 해설

요양기관종별구분	국민건강보험	의료급여
의원	×	×
병원	5%	2%

02. 가산율에 대한 설명 중 옳지 않은 것을 고르시오

① 만 6세 미만 소아의 경우 파노라마를 촬영 시 10%의 가산이 적용된다.
② 만 8세 미만 소아의 경우 즉일충전처치 시 30%를 가산 적용한다.
③ 만 70세 이상의 노인의 경우 마취료의 30%를 가산한다.
④ 만 1세 ~ 만 6세 미만의 경우 초진료 10.89를 가산 적용한다.
⑤ 만 6세미만의 소아의 경우 마취 시 30%를 가산한다.

✎ 해설

만 6세 미만	15% 가산	파노라마, 치근단
	20% 가산	cone beam ct

03. 진료비 구성요소에 대한 설명으로 옳지 <u>않은</u> 것은?

① 기본진찰료는 초진료와 재진 진찰료를 뜻한다.
② 진료행위가산율은 요양기관 종별로 가산율이 다르다.
③ 약제수가는 진료에 사용한 리도카인 앰플 등을 뜻한다.
④ 재료대는 진료행위에 사용된 zoe와 같은 것을 말한다.
⑤ 진찰료의 야간가산은 평일 18시부터이다.

✎ 해설

재료대 - 진료행위에 사용된 재료 수가
(gi, ni-ti file, bur, 임플란트 fixture 등)
※ <u>zoe 는 임시재료로 재료대를 산정할 수 없다.</u>

04. 치과의원에서 만 70세 이상 건강보험 환자가 내원하여 진료비가 총 18,000원이 나왔다. 이때, 본인부담금은 얼마인가?

① 1,000원 ② 1,500원
③ 1,800원 ④ 2,000원
⑤ 3,600원

✎ 해설

	만 65세 이상	
의원	15,000원 이상	1,500원
	15,000원 초과 ~2만원 이하	10%
	2만원 초과 ~25,000원이하	20%
	25,000원 초과	30%

05. 치과의원에서 만 65세 이상 의료급여 환자가 내원하여 약처방만 받았을 때 본인부담금은 얼마인가?

① 1,000원 ② 1,500원
③ 2,000원 ④ 총 진료비의 10%
⑤ 총 진료비의 15%

의료급여 대상자			
구분	원외처방 ×		원외처방 ○
	의약품 ○	의약품 ×	의약품 상관 無
의원 1·2종	1,500원	1,000원	
병원 (시·도) 1종	2,000원	1500원	
2종	총액의 15% (임산부 5%)		

06. 의료급여 1종 수급권 중 대상이 다른 하나는?

① 18세 미만인자
② 임신부
③ 행려환자
④ 등록 중증질환자
⑤ 선택의료기관 이용자

본인부담금 면제자	
당연 적용 대상자	• 18세 미만 • 행려환자 • 결핵질환자 • 중증질환자 (암환자 포함) • 희귀질환자, 중증 난치성질환자 (장기이식자 포함) • 선택의료급여기관 이용자
신청에 의해	• 20세 이하 중·고등학교 재학 • 임산부/ 가정간호

07. 건강생활유지비에 대한 설명 중 옳지 않은 것은?

① 1종 수급권자에게 1인당 월 6,000원이 현금으로 지급된다.
② 의료급여 환자는 당일 승인작업을 진행하여야한다.
③ 건강생활유지비 잔액이 남아있을 경우 의무적으로 선차 감제가 시행된다.
④ 사용 후 남은 잔액은 가상계좌에 누적되어 다음해에 수급권자에 현금으로 지급된다.
⑤ 의료급여 환자는 청구 시 진료확인번호가 기재되어야한다.

지급은 가상계좌
남은 잔액은 현금으로 돌려줌.

08. 빈칸에 들어갈 본인부담금에 해당하는 것은?

> 만 8세 건강보험가입환자가 치과 병원에서 진료를 받은 경우 (　　　)%이다.

① 10%
② 15%
③ 20%
④ 30%
⑤ 40%

구분	만 6세 이상 ~ 만 65세 미만
의원	30%
병원	40%

09. 기본진찰료로 산정하는 경우가 아닌 경우는?

① 구내염 등에 연고나 약물을 도포한 경우.
② 틀니 클래스프 고리를 기구를 사용해 살짝 조인 경우
③ 치아가 파절되어 버를 사용해 살짝 간 경우
④ 처방전만 발행하는 경우
⑤ 구강진단 및 치료계획 수립 시

치아가 파절되어 버를 사용하여 살짝 간 경우는 "보통처치"에 해당한다.

10. 초재진료에 대한 설명으로 옳지 <u>않은</u> 것을 고르시오.

① #14-17 스케일링 후 30일 이후 내원하여
　#14-17 치근활택술을 한 경우 재진으로 산정한다.
② 성인 구강검진 후 당일 치료가 들어가면
　진찰료의 50%만 산정한다.
③ 4/15일 처음 내원하여 사랑니 발치위한 파노라마 촬영
　5/15일 내원하여 사랑니 발치 시 재진으로 산정한다.
④ **1/10일 내원하여 #46 발수 후 내원 중단하였다가**
　4/15일 내원하여 #46 근관세척을 진행하였다.
　이 경우 초진으로 산정한다.
⑤ 타 치과에서 발치 후 본원에 처음으로 내원하여
　s/o을 진행하였다. 이 경우 초진으로 적용한다.

✎ 해설

1/10일에 내원 후 치료가 중단되었기 때문에 **"재진"**으로
산정합니다.

11. 처방전에 대한 설명으로 옳지 <u>않은</u> 것을 고르시오.

① 진찰료 중 외래관리료에 포함된다.
② 약국과 교부번호가 일치하여야한다.
③ **일률적 항생제, 소화제 처방을 지향한다.**
④ 비급여 진료 시 비급여 처방전을 발행한다.
⑤ 같은 효과면 가능한 저가의 약으로 처방한다.

✎ 해설

일률적 항생제, 소화제 처방을 **"지양"** 해야 합니다.

12. 처방전 구분이 다른 하나를 고르시오.

① 보험 임플란트 식립 후 처방전
② **자가치아이식술 시행 후 나간 처방전**
③ 교정 치료 중 사랑니 우식으로 발치한 경우
④ 치주염으로 동요도가 있는 치아를 레진으로 고정한 경우
⑤ 동이없는 근관주위농양으로 구강내소염수술을 시행

✎ 해설

자가치아이식술은 대표적인 **"비급여"** 시술입니다.
"기타"로 처방해야합니다.

13. 상병명과 처치가 바르게 연결된 것은?

① **k08.81 불규칙한 치조돌기 - 치조골성형술**
② k04.80 근단 및 외측의 치아 뿌리낭 - 치수절단
③ z29.8 기타 명시된 예방적 조치 - 광중합형 복합레진
④ k04.62 구강으로 연결된 동이있는 근단주위 농양
　- 구강내 소염술
⑤ t85.6 치과보철물의 파절 및 상실 - 급여 완전틀니 유지
관리

✎ 해설

② 치수절단 시 근단상병명은 적용착오입니다.
③ 광중합형복합레진은 k02.~ 우식상병입니다.
④ 구강내소염술은 동이없는 상병명을 사용합니다.
⑤ 급여 틀니 유지관리 상병명은
　z46.3 치과보철물의 부착 및 조정입니다.

14. 40세 환자가 내원하여 #34-37 치근활택술을
시행, 적용할 수 없는 상병명을 고르시오.

① k05.31 만성복합치주염
② k05.28 기타 명시된 급성 치주염
③ **k04.5 만성 근단 치주염**
④ k05.18 기타 명시된 만성 치은염
⑤ k05.22 급성 치관주위염

✎ 해설

k04.5 만성 근단 치주염은 re-endo 상병명입니다.

15. 근관치료 시 항생제 처방이 가능한 상병명은?

① k04.00 가역적 치수염
② k04.01 비가역적 치수염
③ **k04.4 치수기원의 급성 근단 치주염**
④ s02.54 치수침범이 있는 치관 파절
⑤ k02.8 기타 치아 우식

✎ 해설

항생제는 세균을 없애주는 약으로 염증이 있는 경우
처방합니다.

16. 상병명과 처치로 옳지 <u>않은</u> 것을 고르시오.

① k04.7 동이없는 근단주위농양 - 구강내소염수술
② k04.01 비가역적 치수염 - 발수
③ z29.8 기타 명시된 예방적 조치 - 치면열구전색
④ **k04.80 근단 및 외측의 치근낭 - 치수절단**
⑤ k02.8 기타 치아 우식 - 광중합형복합레진

✎ 해설

치수절단의 경우 근단 상병명은 적용착오입니다. 우식 상병이나
가역적 치수염 / 비가역적 치수염 상병명을 사용합니다.

17. 상악중절치가 외상으로 인해 치아가 완전 탈구되어 내원한 경우 시행할 수 있는 진료행위는?

① **치아재식술**　　　② 자가치아이식술
③ 탈구치아정복술　　④ 잠간고정술
⑤ 치관확장술

✎ 해설

치아가 **완전 탈구**되었기 때문에 "**치아 재식술**"

18. 50세 환자가 #46 치아가 치은농양이 생겨 절개 후 배농을 시행하였다. 이 술식의 산정기준 중 옳지 <u>않은</u> 것은?

① 시술 후 d/r는 수술후처치(가)이다.
② 발치와 구강내소염수술 동시에 할 경우 발치만 산정한다.
③ 당일 2개소 이상 부위에 동시시행한 경우 상하좌우 구분주된 부위 100% 그 외 부위 50%씩 산정하여 최대 200%까지 산정한다.
④ **사용한 봉합사는 산정 불가하다.**
⑤ 재시행 하는 경우 기간 상관없이 100%이다.

✎ 해설

구강내소염술 (i&d)를 설명하고 있습니다.
사용한 봉합사는 산정 가능합니다.

19. 다음 보기의 내용 중 가장 적절하게 산정한 것은?

① 외상으로 #13~#23까지 전기치수검사를 시행하였을 경우 횟수 6으로 산정한다.
② #14, 15, 16, 17 치경부에 se-bond를 사용하였을 경우 횟수 4로 산정한다.
③ **#35 농양으로 구강내소염수술과 발수를 동시에 산정하였을 경우 각각 산정 가능하다.**
④ 영구치 맹출을 위해 #36, 46 치은판 절제술을 시행한 경우 횟수 2로 산정한다.
⑤ 외상으로 인해 구강내 열상이 발생하여 봉합술을 시행 이 경우 총 길이를 합산하여 1회만 산정 가능하고 1.5cm 기준이다.

✎ 해설

① 전기치수검사는 1구강당 산정
② 지각과민처치 나. 4개 치아 시 1.6회
④ 치은판 절제술은 1구강당 산정
⑤ 구강내열상봉합술은 2.5cm 기준입니다.

20. 다음 보기에서 비급여 진료행위로 바르게 묶인 것은?

가. 교합음도검사	나. 치관노출술
다. 의도적치아재식술	라. 관절음도검사
마. 자가치아이식술	

① 나, 다, 라　　　　② 가, 나, 다
③ **가, 나, 마**　　　　④ 나, 라, 마
⑤ 가, 나, 다, 라, 마

✎ 해설

다. 의도적치아재식술　　(급여)
라. 관절음도검사　　　　(급여)

21. 다음은 치태조절교육에 대한 설명이다. 옳지 <u>않은</u> 것을 고르시오.

① 치아우식, 치주질환에 대하여 교육, 상담을 진행한 경우 산정한다.
② 교육은 치과의사 또는 치과위생사가 실시한다.
③ 교육이 원활하게 진행되기 위해 별도의 교육공간이 있어야한다.
④ 교육프로그램은 전 과정을 포함한 비용을 1회 산정한다.
⑤ **소아환자 등 환자가 독립적으로 교육받기 곤란하여 보호자에게 실시한 경우 비용을 별도 산정할 수 없다.**

✎ 해설

치태조절교육은 비급여 진료입니다.
소아환자가 교육받기 곤란한 경우 보호자에게 실시
별도의 비용 산정이 가능합니다.

22. 마취에 대하 설명으로 옳지 <u>않은</u> 것을 고르시오.

① **#54 치아의 후상치조신경 전달마취 산정이 가능하다.**
② 치수강 마취, 치수 내 직접 마취는 침윤마취로 산정한다.
③ #48 매복치 발치 시 전달마취와 침윤마취 동시에 시행 시 주된 마취인 전달마취만 산정한다.
④ 하치조신경 전달마취는 1/2악당으로 산정한다.
⑤ #46,26 침윤마취 시 마취 행위료는 2회로 산정한다.

✎ 해설

#54 유치 치식입니다.
유치의 경우 상악 후상치조신경 전달마취 산정 불가
(상악 해면골이라 침윤마취로도 충분하기 때문입니다.)

23. 마취에 대한 설명으로 옳은 것을 고르시오.

① 표면마취는 산정 가능하다.
② **마취료는 마취료 + 약제료 + 의약품관리료로 구성된다.**
③ 만 6세미만 소아의 마취 시 마취 소정금액 30%를 가산.
④ 하악 유구치에 전달마취를 시행하였어도 침윤마취로만 산정한다.
⑤ 마취 시 사용한 앰플은 재료 신고 하여야한다.

✎ 해설

① 표면마취 산정불가
③ 30% 마취 가산 만 1세이상~만 6세미만 소아, 만 70세 이상 노인
④ 하악 유구치는 침윤마취, 전달마취 산정 가능합니다.
⑤ 앰플은 약제이므로 재료 신고 불필요

24. 방사선 촬영에 대한 설명으로 옳지 <u>않은</u> 것은?

① 디지털촬영장치(DR)을 이용한 경우 치근단촬영판독료만 산정 가능하다.
② **당일발수근충시 동일부위 진단, 근관장측정검사, 근관충전 시 3번 치근단 촬영을 하였다. 이 경우 동시 3매로 청구한다.**
③ 정확한 진단을 위하여 파노라마, 치근단 촬영을 동시에 시행하였다. 이 경우 각각 100% 청구 가능하다.
④ 방사선 촬영이 없는 근관치료는 보통처치로 조정될 수 있다.
⑤ 악관절 확인을 위해 촬영한 파노라마 촬영 나.(특수)는 파노라마촬영 가.(일반)과 각각 청구 가능하다.

✎ 해설

촬영 목적이 다를 경우 치근단 촬영 3매

25. Cone Beam CT 촬영 산정기준으로 옳지 <u>않은</u> 것은?

① 통상적인 근관치료 시 비정상적으로 계속적인 동통을 호소하는 경우
② 제3대구치의 경우 치근단, 파노라마 촬영 등에서 하치조관 또는 상악동과 치근이 겹쳐보여 발치의 위험도가 높은 경우
③ 치아나 치조골의 급성외상에 의한 치아의 함입등으로 계승 치아에 영향을 미치는 영향이 있을 경우
④ 타액선 결석
⑤ **2치관 이상의 치근낭**

✎ 해설

3치관 크기 이상의 치근낭

26. 파노라마 촬영 산정할 수 있는 경우를 모두 고르시오.

> 가. 만 5세 환자가 #11,21 영구치가 맹출 하지 않은 경우
> 나. #38 매복된 상태 확인하기 위해 촬영한 경우
> 다. 심한 구토반사로 구내촬영이 불가능한 경우
> 라. 치아 사이 인접면 충치나 초기 치주질환의 진행
>   여부를 파악하기 위해
> 마. 만 70세 환자 급여 틀니 진단 목적으로 촬영한 경우

① 가, 나, 다
② 가, 나, 다, 라
③ **나, 다**
④ 나, 다, 라
⑤ 가, 나, 나, 라, 마

✎ **해설**

가. 소아 파노라마는 맹출 연령을 초과했을 경우
라. 교익촬영의 산정기준입니다.
마. 급여 틀니 진단 목적의 경우 산정 불가입니다.
　(1단계 진단 및 치료계획 과정에 포함됩니다.)

27. 충전치료에서 와동에 따른 면수 산정 적용으로 옳지 않은 것은?

① o&o = 1면
② **mo+do = 3면**
③ mod = 3면
④ mo+o = 2면
⑤ mo+b = 3면

✎ **해설**

mo+do = 4면입니다.
동일 면 2개 이상의 와동 1면으로 산정
동일 치아 2개 이상의 와동 존재하는 경우 각각 산정

28. 지각과민처치 (가), (나)에 대한 설명으로 옳지 않은 것은?

① 지각과민처치는 1일 6치까지 산정할 수 있다.
② 4/10 지각과민처치 (가)를 산정하고
　4/17일 지각과민처치 (나)를 시행하였을 경우 각각 산정 가능하다.
③ **스케일링 이후 치아시림을 호소하셔서 key laser를 시행 이 경우 지각과민처치 (나)로 산정 가능하다.**
④ 동일 치아 지각과민처치 (가)와 (나)를 동시 시행하였다. 이 경우 지각과민처치 (나)를 산정한다.
⑤ #11~14치아 se-bond를 도포하였을 때 산정 횟수는 1.60이다.

✎ **해설**

스케일링 이후 시림증상은 나타날 수 있으므로 통상적으로 일주일 이내에는 지각과민처치를 산정할 수 없다.

29. 틀니 유지관리에 대한 설명 중 옳은 것을 고르시오.

① 무상 수리기간은 틀니 장착 후 3개월 이내 무제한이다.
② 상병명은 t85.6 치과보철물의 탈락 및 상실을 적용한다.
③ 의치 하방의 연조직에 과도한 압박이 존재하는 경우 연질 이장재를 적용하여 과량의 연질 이장재를 제거하는 행위는 의치상 조정이다.
④ **만 65세 이상인 경우 해당 요양기관에서 제작한 틀니 및 타치과 제작한 틀니의 경우에도 산정 가능하다.**
⑤ 압력지시재를 사용하여 과도한 압력부위를 삭제한 후 의치 내면을 조정하는 경우 조직 조정이다.

✎ **해설**

① 무상 유지관리는 3개월 이내 6회이다.
② z46.3 치과보철물의 부착 및 조정 상병명을 사용
③ 3번 행위는 조직 조정입니다.
⑤ 5번 행위는 의치상 조정입니다.

30. 치관수복물 또는 보철물 제거 및 재부착에 관한 설명 중 옳지 <u>않은</u> 것을 고르시오.

① 보철물 재부착에 사용한 재료대는 산정할 수 없다.
② 당일에 #26 gold crown과 아말감 core를 동시에 제거한 경우 각각 산정할 수 있다.
③ #24xx27 보철물이 탈락하여 재부착한 경우 2회로 산정.
④ 브릿지 제거 시 지대치와 지대치 사이 pontic은 개수 상관 없이 1로 산정한다.
⑤ 임시치아가 탈락되어 재부착한 경우 산정할 수 없다.

✎ **해설**

gold crown 제거는 보철물 제거 복잡.
아말감 core 제거는 보철물 제거 간단.

두가지 행위를 동시 시행 시 상위진료로 산정합니다.

31. 보통처치에 해당하지 <u>않는</u> 경우는?

① 치수강을 개방한 경우
② 치아가 파절되어 살짝 갈아낸 경우
③ 발치를 완료하지 못해 중단한 경우
④ 근관치료 중 통증을 호소하여 교합면을 갈아낸 경우
⑤ 근관치료 중 caviton이 탈락되어 재충전한 경우

✎ **해설**

근관치료 술식 중 일부로 청구 불가입니다.

32. 충전치료에 대한 설명으로 옳지 <u>않은</u> 것은?

① 아말감 충전의 충전물 연마는 당일 산정 가능하다.
② 즉일충전처치는 1치 1회당 산정 가능하다.
③ #35 cervical과 교합면 당일 와동을 형성하여 충전을 완료하였다. 이때 즉일충전처치 1회만 산정 가능하다.
④ 복합레진의 재료대는 면당 산정한다.
⑤ 4/14일 #46 교합면 아말감 즉일충전 후
5/12일 동일 치아 재충전 하였다.
이 경우 행위료 50%, 재료대 100% 산정 가능하다.

✎ **해설**

아말감 충전은 굳는데 24시간이 소요
충전물 연마는 익일 (다음날) 산정 가능합니다.

33. 교합조정술에 관한 설명이다. 옳은 것을 고르시오.

① 1일 6치까지 산정 가능하다.
② 교합지를 사용하지 않아도 산정 가능하다.
③ 치석제거와 동시 시행 시 각각 100% 산정 가능하다.
④ 근관치료를 하는 치아에도 산정 가능하다.
⑤ 외상성 교합으로 인해 과도한 치아동요가 있는 경우 산정 불가하다.

✎ **해설**

① 1일 4치까지 산정 (교.합.조.정 글자수 기억!)
② 교합지를 필수 사용
④ 근관치료 치아는 교합조정 산정 불가입니다.
⑤ 외상성 교합, 조기접촉, 치주질환으로 정출한 경우 교합 조정 산정 가능합니다.

34. 근관세척과 동시에 산정 가능한 진료는?

① 발수
② 근관내기존충전물제거
③ 근관충전
④ 응급근관처치
⑤ 치수절단

✎ **해설**

근관세척은 발수와 근관충전 날 산정 불가.
응급근관처치와 치수절단은 근관치료 전 행위입니다.

35. 재근관치료 시 산정기준에 대한 설명으로 옳지 <u>않은</u> 것은?

① 재근관치료는 기간 상관없이 100% 산정 가능하다.
② 근관내기존충전물제거는 발수부터 산정 가능하다.
③ 근관내기존충전물제거는 근관당 산정 가능하다.
④ #47 pfm 크라운 제거와 gutta percha cone 제거 시 각각 100% 산정 가능하다.
⑤ 30일 이내 재근관 치료하는 경우 진찰료 재진으로 산정

발수는 기존 근관치료에서 시행하였기 때문에
"근관와동형성"부터 산정가능합니다.

36. 광중합형 복합레진 충전에 대한 설명으로 옳지 않은 것은?

① 만 5세 이상 만 12세 이하 아동이 대상이다.
② 마모, 파절에 의한 광중합형복합레진은 산정불가이다.
③ 1일 4치까지 인정된다.
④ 러버댐 사용 및 교합조정, 충전물연마는 별도산정 불가.
⑤ **영구치 결손된 유치의 경우 내역설명 후 산정 가능.**

✎ 해설

유치의 경우 아쉽게도 산정 불가입니다.
사랑니 역시 산정 불가입니다.

37. 근관치료에 관한 설명으로 옳은 것은?

① 발수에 사용한 바브드브로치의 재료대는 산정 불가하다.
② 근관확대 시 사용한 ni-ti file은 1근관당 산정이다.
③ **재근관치료 시 근관와동형성부터 산정 가능하다.**
④ 당일발수근충 시 근관장측정검사는 별도 산정 가능하다.
⑤ 근관성형은 근관치료 중 1회만 산정 가능하다.

✎ 해설

① 발수 시 사용한 바브드브로치는 재료대 산정 가능
② ni-ti file은 1치당 산정
④ 근관장측정검사 역시 당일발수근충 일부로 산정 불가
⑤근관확대 + 근관성형은 2회까지 산정 가능

38. 발치와재소파술에 대한 설명으로 옳지 않은 것은?

① **타 병원에서 발치 후 내원한 경우 산정 불가하다.**
② 유치의 경우 산정 불가하다.
③ 후처치는 수술후처치 (가)로 산정한다.
④ 당일 발치 후 산정 불가하다.
⑤ 보통 1회만 산정할 수 있지만 내역설명 후 2-3회 가능
하다.

✎ 해설

타 병원에서 발치했을 경우 내역설명 후
산정 가능합니다.

39. 40세 성인 남자가 극심한 동통 호소로 본원을 내원 보기에 해당하지 않는 사항을 고르시오.

C.C 오른쪽 위에가 부었어요
#16 periapical 1매
infilt , 휴온스 리도카인 2amples, rubberdam
A.O P.E C.E CS
Saline irrigation
구개부 농양 Incision & drainge

① 상병명은 k04.7 동이 없는 근단주위농양이다.
② 치근단 촬영 1매
③ **발수와 동시 시행 시 발수만 인정된다.**
④ 러버댐장착
⑤ 구강내소염수술(나) 치조농양 또는 구개농양의 절개

✎ 해설

해당 본문은 구강내소염술 (i&d)를 설명하고 있습니다.
발수 + i&d = 각각 100% 인정입니다.

40. burr (가)를 산정할 수 없는 경우는?

① 난발치　　　　② 복잡 매복치 발치
③ 치근단절제술　　④ 치조골성형술
⑤ **치은박리소파술 (복잡)**

✎ 해설

**치은박리소파술의 경우 치주 행위로 burr 산정 불가
봉합사 별도 산정 가능합니다.**

41. 발치의 산정기준에 대한 설명으로 옳지 <u>않은</u> 것은?

① 유치발치는 치근분리술을 시행한 경우 난발치로 산정 가능하다.
② 발치 중 치근을 약간 남기고 발치한 경우 보통처치로 산정한다.
③ 근관치료 도중 치아를 발치한 경우 이전 근관치료는 100% 산정 가능하다.
④ **동일 치아 치석제거와 발치를 동시 산정하였을 경우 각각 산정 가능하다.**
⑤ 사용한 silk는 별도 산정 불가하다.

✎ 해설

동일 치아 sc + ext의 경우 발치만 산정 가능

42. 구강내소염수술에 대한 설명 중 옳지 <u>않은</u> 것은?

① 발수와 동시 시행 시 각각 100%산정가능하다.
② **구강내소염수술은 한달 이내 재시행 시 50%만 산정한다.**
③ 후처치는 수술후 처치 (가)로 산정한다.
④ 당일 발치와 동시 시행하였을 경우 산정할 수 없다.
⑤ blade를 이용한 절개하의 배농 시 산정한다.

✎ 해설

구강내소염술 (i&d)는 재산정기준이 없습니다.
재발이 잘되기 때문에 다음날 시행해도 100%입니다.

43. 구강외과 치료에 대한 설명 중 옳은 것은?

① 치조골성형술 시 사용된 silk는 별도산정 불가하다.
② 매복발치와 동시에 치조골 성형술을 시행한 경우 각각 100% 산정 가능하다.
③ **타병원에서 발치 후 초진에 발치와 재소파술을 시행한 경우 산정 가능하다.**
④ 소대성형술 시 z - plasty를 시행한 경우 간단으로 산정한다.
⑤ 발치와 병행한 치조골성형술은 산정할 수 없다.

✎ 해설

① 치조골성형술은 burr와 silk 모두 산정할 수 있습니다.
② 매복발치 시에는 치조골성형술 별도 산정 불가입니다. (행위에 포함됩니다.)
④ z - plasty의 경우 복잡으로 산정합니다.
⑤ 발치와 동시에 병행할 경우 각각 산정 가능합니다. 주된 행위 100% , 부수적인 행위 50%

44. 수술후처치 (가)가 <u>아닌</u> 경우는?

① 치은판절제술
② 난발치 후 시행한 s/o
③ 구강내소염수술 후 시행한 d/r
④ 유치에 시행한 치관길이 연장술에 시행한 d/r
⑤ **치관확장술 후 시행한 d/r**

✎ 해설

치관확장술은 치주치료후처치 (나)로 산정합니다.

45. 치주치료 재시행 산정기준으로 옳은 것은?

① 치석제거 후 3개월 - 치석제거 100% 산정
② 치근활택술 후 1개월 이내 - 치근활택술 50% 산정
③ **치주소파술 후 4개월 - 치주소파술 100% 산정**
④ 치은박리소파술 후 5개월 - 치은박리소파술 100% 산정
⑤ 치근활택술 후 2개월 - 치주치료후처치

✎ 해설

① 치석제거 후 6개월 - 치석제거 100% 산정
② 치근활택술 후 1개월 이내 - 치주치료후처치 가.
④ 치은박리소파술 후 6개월 - 치은박리소파술 50%
⑤ 치근활택술 후 2개월 - 치근활택술 50%

46. 치주소파술에 대한 설명으로 옳은 것은?

① 마취와 x-ray는 선택적이다.
② 전처치가 필요 없이 당일 산정 가능하다.
③ 1개월 이내 재시행 시 소정점수의 50% 산정 가능하다.
④ k05.22 급성치관주위염 상병명으로 산정할 수 없다.
⑤ 1-2개 치아를 시행한 경우 소정점수의 50%로 산정한다.

✎ 해설

① 마취, x-ray 필수이다.
② 전처치 필수이다.
③ 1개월 이내 재시행은 치주치료후처치 가.
⑤ 1-2개 치아 시행 시 100% 산정.

47. 잠간고정술에 대한 설명으로 옳은 것은?

① 3치 이하와 4치 이상으로 구분한다.
② wire를 제거한 경우 기본진찰료로 산정한다.
③ 탈구치아에 잠간고정술 + 교합조정술을 시행한 경우 100 : 100 각각 산정 가능하다.
④ 상병명은 k05.22 급성치관주위염 상병명으로 산정 가능하다.
⑤ 광중합형 복합레진을 사용한 경우 재료대 별도 산정 가능하다.

✎ 해설

② 고정장치 제거술로 산정
③ 잠간고정술 + 교합조정 = 100 : 50
④ 상병명은 외상 상병명이나 치주질환 상병이 적합.
⑤ 급여되는 재료대는 자가중합형 복합레진이다.

48. 봉합사를 별도로 산정할 수 있는 것을 모두 고르시오.

가. 매복발치	나. 구강내소염수술
다. 치조골성형수술	라. 치관확장술
마. 치은박리소파술	

① 나, 라, 마
② 나, 다, 라, 마
③ 나, 다, 마
④ 가, 라, 마
⑤ 가, 나, 다, 라, 마

✎ 해실

기. 매복발치 burr 가. 산정

49. 산정횟수가 다른 하나를 고르시오

① #11 치은박리소파술
② #24 치은절제술
③ #36 치근활택술
④ #37 치주소파술
⑤ #44 치석제거 가.

✎ 해설

①, ②, ③, ④ 1개 치아 시행 시 100%
치석제거 가. 와 치주낭측정검사의 경우
1개 치아 시행 시 50% 산정.

50. 급여 임플란트에 대한 설명으로 옳은 것은?

① 진료단계별 청구는 시작단계에서 청구한다.
② 무치악 환자의 경우에도 적용가능하다.
③ 의료급여수급권자 1종은 요양급여비용 총액의 10%이다.
④ 만성질환자의 경우 요양급여비용 총액의 10%이다.
⑤ 보철 장착 후 3개월 이내에는 진찰료 산정이 불가하다.

✎ 해설

① 마지막 단계에서 청구
② 무치악의 경우 급여 대상이 아니다.
④ 만성질환자와 의료급여 2종은 총액의 20%이다.
⑤ 보철장착 후 3개월 이내에는 횟수 제한 없이 진찰료만 산정한다.

01. 진료비의 구성에 해당되는 설명으로 옳지 <u>않은</u> 것은?

① 진찰료는 기본진찰료와 외래관리료로 구성된다.

② 연령에 따라 진료행위 가산율이 달라진다.

③ 약제료는 진료 행위에 사용된 약제의 수가로 자이레스테신에이주, 리도카인 등이 있다.

④ 재료대는 진료행위에 사용된 치과 재료의 수가로 film, 아말감 등이 있다.

⑤ **치과병원에서는 의료급여 대상자의 행위수가에 20%를 가산 적용한다.**

 해설

20%가 아닌 5%를 가산적용한다.

요양기관종별구분	국민건강보험	의료급여
의원	×	×
병원	5%	2%

02. 만 8세미만 소아 가산 행위가 <u>아닌</u> 것은?

가. 스케일링 　　　　　 나. 발치
다. 보통처치 　　　　　 라. 광중합형복합레진
마. 치아 파절편 제거

① **가, 나** 　　　　　 ② 가, 나, 다
③ 가, 나, 다, 라 　　　 ④ 가, 나, 다, 라, 마
⑤ 가, 다, 마

해설

만 8세미만 30% 행위가산 항목	보통처치, 치아진정처치 즉일충전처치, 와동형성, 충전, 발수, 근관확대(성형), 근관세척, 근관충전, 치아파절편제거, 치수절단, 응급근관처치, 광중합형복합레진, 치면열구전색

※ 가산×:발치, 당일발수근충, 치수복조, 치주낭측정검사, 러버댐, 치석제거 등

03. 다음 중 의료급여 1종 수급권자 본인부담금 중 다른 하나는?

① 선택 병의원 의료급여기관 이용자

② 18세 미만인자

③ **임신부**

④ 등록 암환자

⑤ 행려환자

해설

본인부담금 면제자	
당연 적용 대상자	• 18세 미만 • 행려환자 • 결핵질환자 • 중증질환자 (암환자 포함) • 희귀질환자, 중증 난치성질환자 (장기이식자 포함) • 선택의료급여기관 이용자
신청에 의해	• 20세 이하 중·고등학교 재학 • 임산부 / 가정간호

04. 다음 행위와 어울리지 <u>않는</u> 상병명을 고르시오.

c.c 넘어져서 치아를 박았어요.
Tx : 치근단 1매, mobility (++)
　　 #11, 21 EPT 시행
N : 한달 후 EPT 재시행

① K04.4 치수 괴사

② K04.0 가역적치수염

③ S03.20 치아의 아탈구

④ S02.54 치수 침범이 있는 치관 파절

⑤ **K02.1 상아질 우식**

외상으로 인하여 치수 생활력을 검사하고 있다.
상아질 우식 상병명은 적용착오이다.

05. 다음 보기와 가. 나. 다 진료행위에 대해 올바르게 짝지어진 것은?

가. 우식 제거 후 IRM으로 임시충전 시행함.
나. 치수 근첨 형성이 되지 않아 치수강 부분 근관치료 진행함.
다. 우식 제거 중 치수가 미세하게 노출되어 Dycal로 염증을 억제함.

	가	나	다
①	보통처치	치수복조	치아진정처치
②	치아진정처치	치수복조	치수절단
③	**치아진정처치**	**치수절단**	**치수복조**
④	보통처치	발수	치아진정처치
⑤	보통처치	발수	치수복조

✎ 해설

가. 우식 제거하였으므로 "**치아진정처치**"
나. 치수강 부분만 근관치료를 진행 "**치수절단**"
다. 치수가 일부 노출되어 "**치수복조**"

06. 다음 보기와 진료 행위가 올바르게 연결된 것은?

가. 의치의 내면 부적합이 존재하여
    자가중합형 의치상 레진을 이용하여
    진료실에서 의치 내면을 개조

나. 의치상 내면에 연질 이장재를 적용하여 일정 시간이
    경과한 후 과량의 연질 이장재를 제거하는 경우

다. 인공치의 마모나 파절 탈락등으로 인하여
    인공치의 교체를 하는 경우

라. 의치 사용 중 궤양이나 불편감이 존재하여 조직면,
    연마면 부분의 조정이 필요한 경우

마. 가공선을 이용하여 파절된 클라스프를 수리 한 경우

① 가 : 첨상 (간접법)　　② **나 : 조직조정**
③ 다 : 의치상 수리　　④ 라 : 개상
⑤ 마 : 클라스프 수리 (복잡)

✎ 해설

① 가 : 첨상 (직접법)
③ 다 : 인공치 수리
④ 라 : 의치상 수리
⑤ 마 : 클라스프 수리 (단순)

07. 다음중 진료 행위료 고저에 대해 적절하지 않은 것은?

① 근관확대 < 근관성형
② **치근단 4매 < 파노라마**
③ 난발치 + bur < 단순매복
④ 치주소파술 < 치은절제술
⑤ crown 제거 < 근관내기존충전물제거 < 금속재포스트제거

✎ 해설

치근단 3매 < 파노라마

08. 다음 중 진찰료만 산정하는 경우가 <u>아닌</u> 것은?

① **타 치과 발치 후 소독을 시행한 경우**
② 구강건조증 처치
③ 전체 구강검진 후 치료계획 상담
④ 진료 소견서 발행
⑤ 통증이 심해 발치 전 소독을 시행

✎ 해설

타치과 발치 후 소독을 진행하면 내역설명 후
"수술후처치 가"

09. 처방전 비급여 발행해야하는 경우를 고르시오.

① 보험 임플란트 식립 후 처방
② 금속상 완전틀니를 위한 치조골 성형술 후 처방
③ **#48 치아를 발치하여 #46 자리로 이식 후 처방**
④ #11 치근단절제술 후 역근관충전 시행 후 약처방
⑤ 구강건조증으로 인한 약 처방

✎ 해설

③ 자가치아이식술 설명입니다.
　비급여 행위이므로 "기타" 처방

10. 연조직창상의 지혈을 위하여 연조직의 압박이 필요
하거나 동요치의 고정, 창상보호 등의 목적으로 사용하는
것은?

① 잠간고정술　　　② 협순소대 성형술
③ 구강 내열상 봉합술　　**④ 상고정장 치술**
⑤ 고정장치의 제거

✎ 해설

연조직창상의 지혈이 목적이므로 "상고정장치술"

11. 치과 마취에 대한 산정기준으로 옳지 <u>않은</u> 것은?

① 치과 마취료는 마취 행위료 + 약제료 + 의약품관리료
　로 구성된다.
② 의약품 관리료는 1일 1회만 산정 가능하다.
③ 치수 내 직접 마취는 침윤마취로 산정한다.
④ **동일 목적 동일 부위에 2가지 이상의 마취를 병용한**
　경우 각각 인정한다.
⑤ 사용한 앰플은 개수 상관없이 인정된다.

✎ 해설

동일부위 동일목적으로 2가지 이상 마취를 시행하면
"주된 마취"만 인정

12. 치과 방사선에 대한 설명으로 옳은 것은?

① 방사선영상진단료는 판독료(70%)와 촬영료(30%)가
　포함되어있다.
② 만 6세 미만의 소아에 대해서는 방사선 단순영상진단을
　한 경우 소정점수의 10%, 방사선 특수영상진단을 한
　경우 소정점수의 20%를 산정한다.
③ **치과 디지털 촬영장치를 이용한 경우 치근단 촬영**
　판독료만 산정한다.
④ 근관장 측정 검사 시 파일 삽입 후 1장, 근관 충전용
　1장을 촬영하였을 경우 치근단 동시 2매로 산정한다.
⑤ 파노라마 촬영 후 치근단 촬영을 하는 것이 바람직하다.

✎ 해설

① 판독료 30%, 촬영료 70%
② 방사선 단순영상 15%, 특수영상 20%
④ 목적이 다르면 치근단촬영 2매
⑤ 치근단 촬영 후 파노라마 촬영이 적합하다.

13. 즉일충전처치에 대한 설명으로 옳은 것은?

① **당일 우식 제거 후 아말감 재료로 충전하였다.**
② 치아진정처치 후 다음번에 내원해서 시행하는 경우에 해당한다.
③ 당일 동일치아에 치경부 충전과 교합면 충전을 각각 시행하였을 경우 즉일충전처치 2회로 산정한다.
④ 즉일충전처치와 와동형성료를 별도 산정 가능하다.
⑤ 즉일충전처치 후 30일 이내 재시행 하였을 경우 즉일충전처치료 50%로 산정한다.

 해설

② 다음번 내원 시 충전할 경우 **"충전"**
③ 면이 다르더라도 1회만 산정, 면수는 2면으로 산정
④ 충전 + 와동형성료가 set
⑤ 재시행 시 충전료의 50% 산정

14. 충전처치에 대한 설명으로 옳지 <u>않은</u> 것은?

① 치경부 gi 충전 후 한달 이내 탈락되어 재충전 시 산정한다.
② 근관충전 후 아말감 충전 시 산정 가능하다.
③ **당일 우식제거 후 gi 충전 시 산정 가능하다.**
④ 치과 임플란트 보철물 교합면 나사 삽입구 재충전술을 하는 경우 충전으로 산정한다.
⑤ 금속강화형 시멘트를 이용하여 지대치 축조를 시행했을 경우 산정 가능하다.

 해설

③ 즉일충전처치 설명이다.

15. #45, 46 gingival abscess

#23 palatal abscess

incision & drain 시행 산정 가능 횟수는?

① #45, 46, 23 구강내소염술 (가) 2회
② #45, 46, 23 구강내소염술 (나) 2회
③ #45, 46 구강내소염술(가) 1회
　#23 구강내소염술 (나) 1회
④ **#45, 46 구강내소염술(가) 0.5회**
　#23 구강내소염술 (나) 1회
⑤ #45, 46 **구강내소연술(가) 1회**
⑥ #23 구강내소염술 (나) 0.5회

 해설

#45, 46 구강내소염술　　 (가)
#23　　 구강내소염술　　 (나)

수가가 높은 #23 주된 부위 100%
제 2부위 #45, 46 50%로 산정

16. 당일발수근충에 대한 설명으로 옳지 <u>않은</u> 것은?

① 마취와 방사선은 별도 산정 가능하다.
② Barbed broach를 사용한 경우 1회 산정 가능하다.
③ **근관장측정검사를 별도 산정 가능하다.**
④ 유치도 산정 가능하다.
⑤ 치수의 생활여부 상관없이 산정 가능하다.

 해설

당일발수근충은 내원 당일 근관장측정검사부터
근관확대, 성형, 세척, 충전을 시행한 경우 산정합니다.
행위의 일부이므로 별도 산정 불가.

모의고사 2회차 해설

17. 치은판절제술에 대한 설명으로 옳지 <u>않은</u> 것은?

① 다수치에 시행하여도 1회로 산정한다.
② 발치와 동시에 하는 치은판절제술은 산정 착오이다.
③ 연령 상관없이 소아와 성인 모두 산정 가능하다.
④ **영구치의 인접면 우식을 치료하기 위해 치은을 절제하는 경우 산정한다.**
⑤ 유치의 보철치료 시 치관길이를 연장하기 위해 치은을 절제한 경우 산정 가능하다.

✎ 해설

④ 치관확장술의 산정기준입니다.
치은판절제술과 치관확장술의 산정기준을 비교하여 공부합시다.

18. 다음중 동일부위 동시산정 기준이 다른 것은?

① **치은박리소파술(복잡) + 치조골 성형술**
② 발수 + 구강내소염술
③ 근관내기존충전물 제거 + 근관세척
④ 치수절단 + 충전
⑤ 치석제거술 + 교합조정

✎ 해설

치은박리소파술 (복잡) 행위에 골 성형, 골 삭제술 동반
치조골성형술은 "**별도산정 불가**"

19. 다음중 비급여로 항목으로 묶인 것은?

가. 치주질환으로 상악 4전치를 레진으로 부착한 경우
나. MTA
다. 치아온도반응검사
라. 교합음도검사
마. 치관노출술

① 가, 나, 마　　　　② 가, 나 ,라, 마
③ **나, 라, 마**　　　　④ 나, 다, 라, 마
⑤ 가, 나 ,다 ,라 ,마

✎ 해설

가. 잠간고정술
다. 기본 진료비

20. 러버댐 장착에 관해 옳은 것을 고르시오.

① 1치당 산정한다.
② 사용한 재료대는 별도 청구 가능하다.
③ 보통처치, 치수절단, 치아진정처치 시 산정 불가하다.
④ **응급근관처치, 치수복조 시 산정 불가하다.**
⑤ #16, 26 치아 동시 시행 시 횟수 2로 산정한다.

✎ 해설

① 1악당 산정
② 재료대 별도 산정 불가.
③ 보통처치와 치아진정처치는 산정 불가
치수절단의 경우 산정 가능
⑤ 1악당이므로 횟수 1로 산정

21. 급여 부분틀니 단계별 순서대로 올바른 것은?

① 진단 및 치료계획 - 인상채득 - 악간관계 채득 -
납의치 시적 - 금속구조물 시적 - 의치 장착 및 조정
② **진단 및 치료계획 - 인상채득 - 금속 구조물시적 -**
악간관계 채득 - 납의치 시적 - 의치장착 및 조정
③ 진단 및 치료계획 - 인상채득 - 악간관계 채득 -
금속 구조물 시적 - 납의치 시적 - 의치장착 및 조정
④ 인상채득 - 진단 및 치료계획 - 악간관계 채득 -
금속 구조물 시적 - 납의치 시적 - 의치장착 및 조정
⑤ 인상채득 - 진단 및 치료계획 - 금속 구조물 시적 -
악간관계 채득 - 납의치 시적 - 의치장착 및 조정

22. 치면열구전색에 대한 설명으로 옳은 것은?

① 만 18세 미만 대상자의 교합면 우식이 이환되지 않은
　제 1, 2대구치를 대상으로 적용된다.
② 광중합형 복합레진과 동시 산정 불가하다.
③ 러버댐 장착료는 별도산정 가능하다.
④ 6개월 이내 탈락하여 재도포하는 경우 진찰료만 산정한다.
⑤ **상병명은 z29.8 기타 예방적 조치로 산정한다.**

✎ 해설

　① 만 18세 이하
　② 광중합형복합레진 + 치면열구전색 = 100 : 50 산정
　③ 러버댐 장착료 별도산정 **불가**
　④ 2년 이내 탈락

23. 급여 임플란트 산정기준으로 옳은 것은?

① 만 70세 이상 평생 2개까지 가능하다.
② 완전 무치악 환자도 산정 가능하다.
③ **골이식 등의 부가 수술은 환자 본인 부담이다.**
④ 치과 임플란트의 급여수가는 행위별 수가이다.
⑤ 일체형 식립재료를 사용하여 pfm 보철 수복을 했을
　경우 산정한다.

✎ 해설

　① 만 65세 이상
　② 부분 무치악
　④ 단계별 수가로 진료가 끝나고 청구한다.
　⑤ 분리형 식립재료

24. 다음중 근관치료 시 동시산정이 가능한 것끼리
연결된 것은?

① 발수 + Barbed broach + 근관세척
② 근관확대 + 근관성형 + 근관세척 + 근관충전
③ 근관내 기존 충전물 제거 + 발수 + 근관와동형성
④ **근관내 기존 충전물 제거 + 근관장측정검사**
　+ NI - TI FILE
⑤ 발수 + 근관장측정검사 + 근관세척 + NI - TI FILE

✎ 해설

　① 발수 + 근관세척은 산정불가
　② 근관세척 + 근관충전은 산정불가
　③ 근관내 기존 충전물 제거 + 발수 산정불가
　⑤ 발수 + 근관세척은 산정불가

25. 발치 후 발치와에 염증이 생겨 발치와 내부를
소파하는 행위에 대해 올바른 것은?

① 발치한 당일 산정 가능하다.
② **반드시 마취가 필수이다.**
③ Dressing은 기본진찰료로 산정한다.
④ 유치, 영구치 구분 없이 1치당 산정한다.
⑤ 타치과에서 발치 후 내원한 경우는 산정 불가하다.

✎ 해설

"**발치와 재소파술**"에 대한 설명입니다.
　① 발치 당일 산정 불가
　③ 수술후처치 가.
　④ 유치는 산정 불가
　⑤ 내역설명 후 산정 가능

26. 치주치료에 대한 설명으로 옳은 것은?

① 치석제거 1~2개 치아 시행 시 100% 산정 가능하다.
② 치근활택술은 반드시 마취가 필수이다.
③ **치주소파술은 급성상태에서 시행 시 인정되지 않는다.**
④ 전처치 없이 시행한 치은박리소파술은 치석제거로 인정한다.
⑤ 치은박리소파술과 치조골성형술 동시시행 시 높은수가 100% 낮은수가 50%로 산정한다.

✎ 해설

① 치석제거&치주낭측정검사 1-2개 치아 50% 산정
② 마취가 필수인 것은 치주소파술
④ 전처치 없는 치은박리소파술은 치주소파술로 인정
⑤ 치은박리소파술 + 치조골성형술 =
　　치은박리소파술 복잡

27. 치주질환 재시행 산정기준으로 옳은 것은?

① 치석제거 3개월 초과 - 100% 산정
② 치근활택술 3개월~6개월 - 50% 산정
③ 치은박리 소파술 5개월 - 100% 산정
④ 치주소파술 2개월 - 치주치료후처치 가.
⑤ **치주소파술 4개월 - 100% 산정**

✎ 해설

① 치석제거 3개월 초과 - 치석제거 50% 산정
② 치근활택술 3개월~6개월 - 치근활택술 100% 산정
③ 치은박리소파술 5개월 - 치은박리소파술 50% 산정
④치주소파술 2개월 - 치주소파술 50% 산정

28. 해당하는 술식을 고르시오.

발치 후 치조정에 예리한 골면으로 불편을 야기하거나 불규칙하게 융기된 치조골이 의치 장착 시 장애가 되는 경우 이를 제거하고 성형하는 수술을 말하며,
발치와 동시에 시행하거나
발치 후 환자가 불편감을 호소하는 경우에 시행한다.

① **치조골성형술**　　② 치근단절제술
③ 협순소대성형술　　④ 치은박리소파술
⑤ 치관확장술

29. 산정하는 후처치가 다른 하나는?

① 완전매복발치 후 드레싱 한 경우
② 발치와재소파술 후 드레싱 한 경우
③ 구개농양으로 구강내소염술 후 내원하여 드레싱 한 경우
④ **치관확장술 후 드레싱 한 경우**
⑤ 치은판절제술 후 드레싱 한 경우

✎ 해설

④ 치관확장술 후처치는 치주치료후처치 나.
①, ②, ③, ⑤ 수술후처치 가.

30. 잠간고정술에 대한 설명으로 옳은 것은?

① **3치 이하 4치 이상으로 산정한다.**
② 1치당 산정한다.
③ 사용한 재료대는 별도 산정 불가하다.
④ 고정장치 제거 후 드레싱은 원인이 되는 후처치로 산정한다.
⑤ 교합조정과 동시 시행시 각각 별도 산정 가능하다.

✎ 해설

② 1악당 산정한다.
③ 자가중합형 복합레진은 재료대 산정 가능
④ 고정장치 제거 후 드레싱은 기본진찰료
⑤ 동시 시행 시 잠간고정술 100 교합조정 50

31. 다음 중 봉합사 산정 가능 항목끼리 고르시오.

가. 난발치	나. 치조골성형술
다. 구강내소염술	라. 치은판절제술
마. 탈구치아정복술	

① 가, 다, 마　　　　② 가, 다
③ **나, 다**　　　　④ 나, 다, 라
⑤ 가, 나, 다, 라, 마

✎ 해설

가 : 발치는 봉합사 산정 불가

32. 다음 해당하는 술식을 고르시오.

> #48 impacted tooth
> panorama taking (Digital) 1매
> block 2 ample
> incisior & bur 사용하여 치관 분리하여 발치
> Silk 3-0 3cm

① 단순 매복치 발치　　② 완전 매복치 발치
③ **복잡 매복치 발치**　　④ 난발치
⑤ 치조골성형술

✎ 해설

매복치 발치 (단순) : 점막 절개 후 발치
매복치 발치 (복잡) : 치아 분할술 실시
매복치 발치 (완전) : 치관 2/3 이상 매복
　　　　　　　　　치아분할술 + 골 삭제 동시 시행

33. 다음과 같이 치근활택술을 시행하였을 때 알맞은 횟수를 구하시오.

7, 6, 5, 4, 3, 2, 1	

① 1회　　　　　　② **1.5회**
③ 2회　　　　　　④ 2.5회
⑤ 3회

✎ 해설

1/2악당이라 1.5회

34. 다음 중 파노라마를 산정할 수 있는 경우로 옳지 않은 것은?

① 전체적인 치주상태 관찰
② 구내촬영이 불가능
③ 매복치 상태 확인
④ **인접면 우식 확인**
⑤ 외상의 진단을 위해

✎ 해설

인접면 우식의 경우 교익촬영 산정기준이다.

35. 지각과민처치 (가), (나)에 대한 설명으로 옳은 것은?

① **지각과민처치 (가)의 경우 ms coat와 같은 약물도포이다.**
② 지각과민처치는 하루 최대 4치까지 산정 가능하다.
③ 지각과민처치 (나)는 1주일 간격으로 2~3회 산정한다.
④ 지각과민처치의 경우 치주치료 후 산정 가능하다.
⑤ 지각과민처치 (나)는 1치당 100% 산정 가능하다.

✎ 해설

② 지각과민처치 (나)는 하루 최대 6치
③ 지각과민처치 (가)는 1주일 간격으로 2~3회
　　산정한다.
④ 지각과민처치의 경우 치주치료 후 산정 불가
⑤ 지각과민처치 (가)는 1치당 100% 산정 가능하다.

36. 다음 (가)와 (나)에 해당하는 것으로 알맞은 것은?

> gluma 사용 # 14, 15, 16 도포　　　　(가)
> SE-BOND 사용 #33, 34, 35 도포　　　(나)

	(가)	(나)
①	1회	1회
②	1.4회	3회
③	**3회**	**1.4회**
④	1.4회	1.4회
⑤	3회	3회

✎ 해설

지각과민처치 (가) msg 3총사를 기억하세요!
1개 치아당 100% 인정

지각과민처치 (나) ~ bond 종류
1일 6치까지
주된치아 100% 제 2치부터 20% 총 2회

37. 치관수복물의 제거 및 보철물 재부착에 관한 설명 중 옳은 것은?

① 치관수복물의 제거 가. 는 Inlay, crown 등을 제거할 때 산정한다.
② 보철물 재부착은 임시치아도 산정 가능하다.
③ 당일 pfm 크라운과 gi 코어를 동시에 제거한 경우 각각 산정 가능하다.
④ 13 = = = = 23 치아 보철물 재부착은 2회이다.
⑤ 보철물 제거 시 연속된 인공치는 개수대로 산정한다.

✎ 해설

　① 치관수복물 제거 복잡. 에 해당
　② 보철물 재부착은 영구접착이 기준이다.
　③ 치관수복물 제거 간단과 복잡을 동시 시행 시
　　 주된 처치만 산정
　⑤ 연속된 인공치 (pontic)은 1회로 산정

38. 초재진료 설명 중 옳지 <u>않은</u> 것은?

① 이전 파노라마를 이용하여 매복치 발치 시 초진으로 산정한다.
② 3/20 #14 - 17 치근활택술, 4/20 #24 - 27 치근활택술 시행 시 초진이다.
③ 국가 구강검진 후 30일 이내 내원 시 재진이다.
④ 타치과 발치 후 본원에 처음 내원, 실밥제거를 시행한 경우 초진으로 산정한다.
⑤ 2/28 #46 아말감 즉일충전처치, 3/20 아말감 일부 파절된 상태로 내원하여 재충전한 경우 재진으로 산정한다.

✎ 해설

　① 이전 파노라마를 참고하여 발치 시 "재진"

39. 다음 빈칸에 들어갈 본인부담금에 해당하는 것은?

> 만 60세
> 건강보험 가입 환자가 치과 병원에서 진료를 받은 경우
> (　　　)%의 본인 부담금이 발생한다

① 15% 　　　　② 20%
③ 25% 　　　　④ 30%
⑤ **40%**

✎ 해설

구분	만 6세 이상~만 65세 미만
의원	30%
병원	40%

40. 가산율에 대한 설명으로 옳지 <u>않은</u> 것은?

① 만 6세 미만의 소아는 방사선 단순영상진단료 10%가 가산한다.
② 만 8세 미만 소아의 충전치료 시 행위료의 30%가 가산
③ 마취는 만 70세 이상 노인, 만6세 미만에서 가산된다.
④ 만 1세이상~만 6세미만의 경우 초진료 + 10.89 재진료 + 6.86이 가산된다.
⑤ 장애인 진료 시 기본진찰료의 9.03이 가산된다.

✎ 해설

　① 방사선 단순영상진단료 15%
　　 방사선 특수영상진단료 20% 가산

41. 공휴일에 해당하는 것을 모두 고르시오.

> 가. 제헌절
> 나. 8월 15일 광복절
> 다. 기타 정부에서 수시로 지정하는 날
> 라. 노동자의 날
> 마. 12월 25일 성탄절

① 가, 나, 다, 라, 마 ② 가, 다, 마
③ 나, 다, 라 ④ 나, 다, 마
⑤ 나, 다, 라, 마

 해설

가. 제헌절은 공휴일이 아니다.
공휴일은 빨간 날, 대체공휴일

42. 만 60세 의료급여 1종 환자가 치과 의원에서 #38 단순매복발치 후 약 처방을 받은 경우 본인 부담금은?

① 1,000원 ② 1,500원
③ 2,000원 ④ 10%
⑤ 20%

 해설

의료급여 대상자			
구분	원외처방 ×		원외처방 ○
	의약품 ○	의약품 ×	의약품 상관 無
의원 1·2종	1,500원	1,000원	
병원 1종	2,000원	1500원	
(시·도) 2종	총액의 15% (임산부 5%)		

43. 근관치료 시 항생제 처방이 가능한 상병명은?

① k04.00 가역적 치수염
② k04.01 비가역적 치수염
③ k02.1 상아질 우식
④ s02.54 치수 침범이 있는 치관파절
⑤ k04.7 동이없는 근단주위농양

 해설

항생제는 세균을 없애주는 약으로 염증이 있는 경우 처방합니다.

44. 상병명과 진료행위의 연결로 옳지 <u>않은</u> 것은?

① 치조골성형술 – K08.81 불규칙한 치조돌기
② 발수 – K04.01 비가역적 치수염
③ 광중합형 복합레진 – K02.1 상아질 우식
④ 치면열구전색 – Z29.8 기타 명시된 예방적조치
⑤ 구강내 소염술
   – K04.62 구강으로 연결된 동이 있는 근단주위농양

해설

구강내소염술은 반드시 "**동이 없는**" 상병명 사용

45. 발치 후 발치와에 염증이 생겨 발치와 내부를 소파하는 술식을 시행하였을 때 적용 가능한 상병명은?

① K08.81 불규칙한 치조돌기
② K05.22 급성 치관주위염
③ K10.3 턱의 치조염
④ K08.1 사고, 추출(발치) 또는 국한성 치주병에 의한 치아상실
⑤ K01.18 과잉매복치

해설

발치와 재소파술의 상병명은 k10.3 턱의 치조염이다.

46. 산정기준이 다른 하나를 고르시오.

① 근관확대 　　　 ② 근관 내 기존 충전물 제거
③ 당일발수근충 　　 ④ 근관장측정검사
⑤ 전기치수반응검사

✎ 해설
─────────────────────────

①, ②, ③, ④ 1근관당 산정
⑤ 1구강당 산정

47. 다음 중 동일 부위 동시 산정 기준이 다른 것은?

① 발수 + 구강내소염술
② 치수절단 + 충전
③ 치은박리소파술 + 치조골성형술
④ 교합조정 + 잠간고정술
⑤ 광중합형 복합레진 + 치면열구전색

✎ 해설
─────────────────────────

동시산정 불가 항목을 고르면 된다.
③치은박리소파술 복잡으로 산정한다.
　치조골성형술은 별도 산정 불가하다.

48. 발치의 상대가치점수가 높은 순서대로 올바른 것은?

① 단순발치 < 난발치 <치조골성형술 <단순매복
　 < 완전매복 < 복잡매복
② 단순발치 < 난발치 < 난발치 + BUR <단순매복
　 < 완전매복 < 복잡매복
③ 단순발치 < 난발치 < 난발치 +BUR <단순매복
　 < 복잡매복 < 완전매복
④ 단순발치 < 난발치 < 단순매복 < 난발치 + BUR
　 <복잡매복 < 완전매복
⑤ 단순발치 < 단순매복 < 난발치 +BUR < 복잡매복
　 <완전매복

✎ 해설
─────────────────────────

난발치 + burr < 단순매복

49. 치주치료의 상대가치점수가 높은 순서대로 올바른 것은?

① 치석제거(가) < 치근활택술 < 치주소파술
　 < 치은절제술 < 치은박리소파술
② 치석제거(가) < 치근활택술 < 치주소파술
　 < 치은박리소파술 < 치은절제술
③ 치석제거(가) < 치주소파술 < 치근활택술
　 < 치은절제술 < 치은박리소파술
④ 치석제거(가) < 치주소파술 < 치근활택술
　 < 치은박리소파술 < 치은절제술
⑤ 치근활택술 < 치석제거(가) < 치주소파술
　 < 치은박리소파술 < 치은절제술

50. 급여 임플란트 유지관리에 대한 설명으로 옳은 것은?

① 유지관리 기간에는 진찰료를 산정 할 수 없다.
② 무상 유지관리 기간은 3개월 이내 무제한이다.
③ 임플란트 보철물 Scrp Hole이 탈락되어 보험 되는 재료로 재충전하는 경우 즉일충전처치로 산정한다.
④ hole 충전 상병명은 Z46.3 치과보철 장치의 부착 및 조정 상병명을 적용한다.
⑤ 만 65세 이상이면 식립 한 치과가 아니어도 산정 가능하다.

✎ 해설
─────────────────────────

① 무상유지관리 기간 내에는 진찰료 산정가능
③ 충전으로 산정
④ t85.6 치과보철물의 파절 및 상실
⑤ 식립한 치과만 가능
　 급여 틀니 유상유지관리의 경우 병원 상관없음

모의고사 3회차 해설

01. 다음 중 치과의원에 내원한 의료급여 1·2종 환자의 본인부담금이 다른 것을 고르시오.

① 매복치 발치 후 약처방
② 치주소파술 치료
③ 침윤마취 + 구강내소염술 ㅣ 약처방
④ 파노라마 + 치석제거 나. 연1회
⑤ #13 치근단촬영

✎ 해설

의료급여 대상자			
구분		원외처방 ×	원외처방 ○
		의약품 ○	의약품 ×	의약품 상관 無

구분		의약품 ○	의약품 ×	의약품 상관 無
의원	1·2종	1,500원	1,000원	
병원 (시·도)	1종	2,000원	1500원	
	2종	총액의 15% (임산부 5%)		

①, ③ 약처방 시 1,000원

④, ⑤ 약처방 ×, 마취 × 1,000원

② 치주소파술 마취 필수 1,500원
약처방했다는 말이 없으므로 약처방은 ×로 푼다.

02. 의료급여 환자에 대한 설명으로 옳은 것은?

① 선택의료기관 제도는 의료급여 1·2종 모두 해당된다.
② 의료급여 환자는 당일 진료비 승인이 이루어져야한다.
③ 선택의료급여기관 이외의 병원에서 진료를 받을 경우 의료급여의뢰서 발급받지 않아도 된다.
④ 치과의원의 의료급여 환자 종별 가산율은 15%이다.
⑤ 의료급여 1종 환자분이 보험틀니를 진행할 경우 본인부담금이 10%이다.

✎ 해설

① 선택의료기관제도는 의료급여 1종만
③ 이외의 병원을 방문할 때 **"의료급여의뢰서"** 발급
⑤ 의료급여 1종 5%, 2종 15%

03. 다음 중 요양기관 종별 가산율에 대한 설명으로 옳은 것은?

① 치과의원에 내원한 건강보험 대상자 5%
② 치과의원에 내원한 의료급여1종 대상자 2%
③ 치과의원에 내원한 의료급여2종 대상자 0%
④ 치과병원에 내원한 건강보험 대상자 2%
⑤ 치과병원에 내원한 의료급여1종 대상자 0%

✎ 해설

요양기관종별구분	국민건강보험	의료급여
의원	×	×
병원	5%	2%

04. 다음 중 만8세미만 소아 가산 항목이 <u>아닌</u> 것끼리 고르시오.

가. 치석제거	나. 치아진정처치
다. 치면열구전색	라. 당일발수근충
마. 유치발치	

① 나, 다
② 가, 나, 다
③ 가, 다, 라
④ 가, 라, 마
⑤ 가, 나, 다, 라, 마

✎ **해설**

만 8세미만 30% 행위가산 항목	보통처치, 치아진정처치 즉일충전처치, 와동형성,충전, 발수, 근관확대(성형), 근관세척, 근관충 전, 치아파절편제거, 치수절단, 응급근관 처치, 광중합형복합레진, 치면열구전색

※ <u>가산×:발치, 당일발수근충, 치수복조, 치주낭측정검사, 러버댐, 치석제거 등</u>

05. 가산율에 대한 설명으로 옳지 <u>않은</u> 것을 고르시오.

① 만 1세 이상~만 6세미만의 경우 진찰료와 마취료 가산이 해당된다.
② 만 6세 미만 소아가 치근단 촬영을 하였을 경우 20% 가산이 된다.
③ 만 70세 이상 노인은 30% 마취 가산이 가능하다.
④ 장애인 환자의 경우 초재진료의 9.03이 가산된다.
⑤ 장애인 환자의 치석제거 진료를 하면 소정점수의 300% 가산이 된다.

✎ **해설**

만 6세 미만 소아의 치근단 촬영은
방사선단순영상촬영으로 15% 가산된다.

06. 다음 중 기본 진찰료만 산정해야 하는 경우로 옳지 <u>않은</u> 것은?

① 충치 검진 후 상담만 받고 간 경우
② 입병이 난 부분에 연고를 발라준 경우
③ 타 치과 발치 후 우리 병원에서 간단한 dressing 실시
④ 발치 전 동통 감소를 위해 약 처방만 발행하는 경우
⑤ 소견서 서류를 발급하는 경우

✎ **해설**

③ 타치과 발치 후 dressing은 내역설명 후
수술후처치 가. 산정한다.

07. 다음 중 진찰료 연결이 바르게 된 것은?

① #46 근관치료 중 환자의 출장으로 인해
40일 뒤 내원하여 진행한 경우 초진이다.
② 국가구강검진 당일 치석제거를 진행하였을 경우 진찰료의 50%만 산정한다.
③ #38 사랑니 발치를 5개월 만에 내원하여 이전 촬영한 x-ray를 보고 진행하였으면 초진이다.
④ #14-17 치석제거 후 4개월만에 내원하여 #24-27 치석제거 하였다. 이 경우 재진이다.
⑤ #43 치경부 즉일충전처치로 충전 후 2주 뒤 탈락하여 재충전하였다. 이 경우 초진이다.

✎ **해설**

① 치료중이므로 **"재진"**
③ 이전 파노라마 참고 **"재진"**
④ 치주질환은 부위가 다르면 30일 이후 **"초진"**
동일부위 90일 이내 **"재진"**
⑤ 동일부위 30일 이내 **"재진"**

08. 구강검진에 대한 설명으로 옳지 <u>않은</u> 것은?

① 영유아 검진과 성인 구강검진이 있다.
② 국가구강검진 후 예약을 잡고 내원하는 경우 30일 이내는 재진이다.
③ **검진 대상자가 토요일에 내원하여 시행한 경우 진찰료의 30%가 가산된다.**
④ 학교구강검진의 경우 교육청 주관으로 시행한다.
⑤ 영유아 검진 환자가 공단 구강검진 당일 치료가 진행된 경우 초,재진료의 50%를 산정한다.

　③ 국가 구강검진만 받는 경우 별도의 진찰료 산정불가
　　토요일, 공휴일은 검진료의 30%가 가산된다.

09. 처방료 산정기준으로 옳지 <u>않은</u> 것은?

① 항생제, 소화제의 일률적 처방을 지양한다.
② 저함량 배수처방을 지양하여야한다.
③ **약은 고가일수록 효과가 좋으므로 환자분에게 고가약 처방을 한다.**
④ 처방전 사용기간 이내 처방전을 분실하여 재발급 하는 경우 별도로 진찰료를 산정할 수 없다.
⑤ 치관 노출술 후 약처방을 진행한 경우 "기타"로 발행한다.

　③ 고가약 처방은 "**지양**"한다

10. 가산율 적용에 대한 설명으로 옳은 것은?

① 근로자의 날에 진료를 할 경우 초재진료의 30%를 가산한다.
② 토요전일가산제는 병의원 상관없이 적용된다.
③ 만 6세미만 소아의 야간진료 시 행위료의 100%가 가산된다.
④ 공휴일 야간 마취를 진행할 경우 마취료와 기본진찰료 모두 가신이 가능하디.
⑤ **야간, 토요일, 공휴일에 내원하여 치은박리소파술을 시행하였을 경우 마취료와 치은박리소파술 각각 30%씩 가산 적용 가능하다.**

① 근로자의날은 공휴일이 아니다.
② 토요전일가산제는 "의원급"만 해당한다.
③ 만 6세미만 소아 20시~익일 07시 진료 시 기본진찰료의 200% 산정
④ 공휴일 야간 마취 시 둘중 하나만 가산 (중복×)

11. 의료급여 1종 환자가 지정한 선택 병·의원 이외에서 진료 시 지정 병원에서 발급 받아야 하는 것은?

① **의료급여 의뢰서**　　② 의사 소견서
③ 영수증　　　　　　　④ 약 치방전
⑤ 진료기록부

의료급여 의뢰서 없이 방문하면 전액 본인부담이다.

12. 국민건강보험 환자의 본인부담금에 대한 설명으로 옳지 <u>않은</u> 것을 고르시오.

① 만 5세 환자가 치과 병원에서 진료를 받은 경우 28%를 부담하였다.
② 만 60세 노인이 치과 의원에서 진료를 받은 경우 30%를 부담하였다.
③ 만 65세 노인이 치과 병원에서 진료를 받은 경우 40%를 부담하였다.
④ **만 6세 환자가 치과의원에서 진료를 받은 경우 21%를 부담하였다.**
⑤ 임신부가 치과의원에서 진료를 받은 경우 10%를 부담하였다.

구분	임신부
의원	10%
병원	20%

구분	만 6세 이상~만 65세 미만
의원	30%
병원	40%

만 65세 이상		
	15,000원 이상	1,500원
의원	15,000원 초과~2만원 이하	10%
	2만원 초과~25,000원이하	20%
	25,000원 초과	30%

13. 다음 중 상대가치점수가 올바르게 고저된 것은?

① 근관성형 < 근관확대
② 치근단 촬영 3매 < 파노라마
③ 난발치 < 치조골성형술
④ 단순매복발치 < 난발치 + burr 가
⑤ 하치조신경 전달마취 < 후상치조신경 전달마취

✎ 해설

① 근관확대 < 근관성형
③ 치조골성형술 < 난발치
④ 난발치 + burr < 단순매복발치
⑤ 후상치조신경 전달마취 < 하치조신경 전달마취

14. 다음 중 동일부위 동시산정이 다른 하나는?

① 매복발치 + 치조골성형술
② 치은박리소파술 + 치조골성형술
③ 치아진정처치 + 치수복조
④ 스케일링 + 지각과민처치 가.
⑤ 구강내소염술 + 발수

✎ 해설

①, ②, ③, ④ 동시산정 불가
⑤ 각각 별도 산정 가능

15. 다음 중 산정기준이 다른 것 하나는?

① 만 65세 이상 노인 틀니 인공치 수리
② 치관확장술
③ 치은판절제술
④ 치아재식술
⑤ 치수절단

✎ 해설

①, ②, ④, ⑤ 1치당
③ 1구강당

16. 진료 행위 중 비급여로 산정해야하는 것은?

① 의도적치아재식술   ② 치아 동요도 검사
③ 치관확장술   **④ MTA**
⑤ 잠간고정술

✎ 해설

② 기본진찰료에 해당.

17. 치과 마취에 대한 설명으로 옳은 것을 고르시오.

① 표면마취는 산정 가능하다.
② 근관치료 도중 치수 내 직접 마취를 진행한 경우
산정할 수 없다.
③ 보험 임플란트 수술 시 피하근육주사는 인정이 된다.
④ 상악 유치의 경우 전달마취 산정 불가하다.
⑤ 동일 목적을 위해 2가지 이상의 마취를 병행한 경우
각각 청구할 수 있다.

✎ 해설

① 표면마취 산정불가
② 치수 내 직접 마취는 침윤마취
③ 보험 임플란트는 포괄수가라 행위에 포함
⑤ 동일부위 동일목적 2개 이상 마취 시 주된마취만

18. 치과 마취 연결이 적절하게 이루어진 것은?

① #48 매복치 발치 – 후상치조신경 전달마취

② #65 발치 – 후상치조신경 전달마취

③ #23 – 후상치조신경 전달마취

④ #44^45 매복치 발치 – 비구개신경 전달마취

⑤ **#85 치수절단술 - 침윤마취**

✎ 해설

① #48 매복치 발치 – 하치조 전달마취

② #65 발치 – 침윤마취

③ #23 – 비구개신경 전달마취

④ #44^45 매복치 발치 – 하치조신경 선날바취

19. 치근단 촬영 횟수로 올바른 것은?

> Tx : #33 치근단 1매(Digital)
>
> AO, PE, CS, CI, WL, CF with NI–TI file
>
> #33 근관 길이 측정 위해 치근단 1매(Digital)
>
> #33 Filling 후 치근단 1매(Digital)

① **치근단 촬영 판독 3회**

② 치근단 촬영판독 동시 1매 + 치근단 촬영판독 2매

③ 치근단 촬영판독 동시 3매 1회

④ 치근단 촬영판독 동시 3매 3회

⑤ 치근단 촬영판독 1회

✎ 해설

진단용 1장

근관길이 측정용 1장

근관충전 후 1장

목적이 다르므로 치근단촬영판독 3회

20. 방사선촬영료 기본원칙에 대한 설명 중 옳은 것은?

① 방사선영상진단료의 소정점수에는 판독료 70%와 촬영료 30%가 포함된다.

② 만 6세미만 소아의 단순영상진단을 한 경우 소정점수의 10%를 가산한다.

③ **만 6세미만 소아의 방사선 특수영상진단을 한 경우 소정점수의 20%를 가산한다.**

④ 치주질환의 진단을 위하여 방사선 촬영할 경우 파노라마부터 찍는다.

⑤ 근관치료 도중 각도를 변경하여 2장 찍었을 경우 치근단 촬영 2회로 산정한다.

✎ 해설

① 판독료 30%, 촬영료 70%

② 만 6세미만 소아 단순영상진단료 15% 가산

④ 치근단부터 촬영하는 것이 바람직

⑤ 각도변경 시 치근단동시촬영 2매

21. 방사선 촬영에 대한 설명 중 옳지 않은 것은?

① 치아 내부 또는 치조골 등을 관찰하는 데 가장 유용한 사진은 치근단 사진이다.

② 매복치아의 치아 위치, 형태, 매복 정도 등의 평가를 위하여 파노라마를 촬영한다.

③ 인접면 충치나 초기 치주질환의 진행 여부를 판별하기 위해 교익촬영을 시행한다.

④ 스프린트 치료에 반응하지 않는 측두하악장애 환자는 Cone Beam CT 촬영이 가능하다.

⑤ **#12 치근에 2치관 크기 이상의 치근낭이 발견된 경우 Cone Beam CT 촬영이 가능하다.**

✎ 해설

3치관 크기 이상의 치근낭 시 ct 촬영 가능

22. 다음 중 보통처치의 산정기준이 <u>아닌</u> 것은?

① 치수강 개방만 시행한 경우

② 근관치료 도중 caviton이 탈락하여 재충전한 경우

③ **치아 우식 부위를 제거 하고 irm 임시충전한 경우**

④ 치아가 깨져 날카로운 부분을 다듬은 경우

⑤ 발수 완료 전 치수 일부만 제거한 경우

✎ 해설

　③ 치아진정처치 술식에 해당한다.

23. 치아질환처치에 대한 설명으로 옳은 것은?

① 치수가 미세하게 노출되었을 때 치수보호재를 사용한 경우 치아 진정처치이다.

② **치아진정처치와 치수복조를 동시에 시행한 경우 치수 복조만 산정할 수 있다.**

③ 비급여 진료 전 단계에 임시충전 한 경우 별도 산정 가능하다.

④ 치아진정처치에 사용한 재료는 별도 산정 가능하다.

⑤ 치수 복조 시 사용한 러버댐은 별도 산정 가능하다.

✎ 해설

　① 치수복조에대한 설명이다.
　③ 비급여 진료 전에는 별도 산정 불가
　④ 재료대는 별도 산정 불가
　⑤ 임시처치라 러버댐 별도 산정 불가

24. 지각과민처치에 대한 설명으로 옳지 <u>않은</u> 것은?

① 지각과민처치(나)는 1일 6치까지 산정 가능하다.

② **지각과민처치(나)는 1일 최대 600% 산정 가능하다.**

③ gluma를 도포한 경우 지각과민처치 (가)이다.

④ #13 ms-coat 도포 후 일주일 뒤 시린 증상이 있어 se-bond를 도포하였다. 일주일 뒤 산정할 수 있는 항목은 지각과민처치 (나) 산정 가능하다.

⑤ 동일치아 치경부 충전과 동시 시행한 경우 산정 불가다.

✎ 해설

　② 지각과민처치(나) 1일 2회까지 산정 가능

25. 치경부마모증 gi 즉일충전 20일 뒤 부분 파절되어 기존 gi 제거 후 당일 gi 충전을 완료하였다. 이 경우 올바른 청구 방법은?

① 수복물제거 50% + 즉일충전처치 50% + 재료대 50%

② 수복물제거 100% + 즉일충전처치 50% + 재료대 100%

③ 수복물제거 100% + 즉일충전처치 100% + 재료대 100%

④ **수복물제거 100% + 충전료, 와동형성료 50% + 재료대 100%**

⑤ 수복물제거 100% + 충전료, 와동형성료 100% + 재료대 100%

✎ 해설

　즉일충전처치 30일 이내 재시행 시
　충전료 50%로 산정한다.
　이때, 재료대는 100% 산정 가능하다.

26. 보철물 제거와 재부착에 대한 설명으로 옳지 <u>않은</u> 것은?

① 1치당으로 산정한다.

② 4 = = 7 bridge제거 시 연속된 인공치(pontic)은 개수 상관없이 1로 산정한다.

③ 보철물 재부착의 경우 인공치는 산정 불가하다.

④ 임시치관 부착은 급여 산정 불가하다.

⑤ **치과 임플란트 보철물을 임시 부착한 경우에도 보철물 재부착 산정 가능하다.**

✎ 해설

　⑤ 보철물 재부착은 영구접착을 기준으로 한다.

27. 치면열구전색에 대한 설명으로 옳지 <u>않은</u> 것은?

① 만 18세 이하를 대상으로 치아 우식증에 이환되지 않은 순수 건전치아인 제 1, 2 큰 어금니가 해당된다.

② **2년 이내 탈락하여 동일 의료기관에서 동일 치아에 재도포하는 경우 진찰료는 별도 산정 불가하다.**

③ 러버댐 장착은 산정 불가하다.

④ 건강보험가입자 대상자의 본인부담률은 의원급, 병원급 구분없이 10%이다.

⑤ 동일 치아 광중합형복합레진과 동시에 시행하였을 경우 광중합형복합레진 100%, 치면열구전색 50% 산정한다.

② 동일치아 재시행 시 진찰료는 산정 가능하다.

28. 광중합형복합레진 충전에 관한 산정 기준으로 옳지 <u>않은</u> 것을 고르시오.

① 만 12세 미만 아동일 경우 해당한다.
② 치아 우식증의 치료를 위해 실시한 경우에만 건강보험이 적용된다.
③ 광중합형복합레진 충전은 즉일충전처치와 충전을 구분하지 않는다.
④ 1일 4치까지 산정 가능하다.
⑤ jx999(기타내역)에 와동급수와 충전면수를 기재한다.

✎ 해설

① 만 5세 이상~만 12세 이하일 경우 해당한다.

29. 근관치료 산정기준으로 옳지 <u>않은</u> 것은?

① 실제 존재하는 근관 수에 따라서 산정함을 원칙이다.
② 근관장측정검사는 치료기간 중 3회에 한하여 산정한다.
③ NI-TI file을 사용한 경우 1치당으로 산정 가능하다.
④ 재근관치료의 경우 당일발수근충 산정이 가능하다.
⑤ 30일 이내 재근관치료를 하는 경우 기간 상관없이 근관내기존충전물제거 행위 100% 산정 가능하다.

✎ 해설

재근관치료는 발수를 제외하고 근관와동형성부터 산정

30. 다음 중 근관세척과 동시산정이 불가한 항목을 모두 고르시오.

가. 발수	나. 근관확대
다. 근관성형	라. 근관장측정검사
마. 근관충전	

① 가, 나　　　　　**② 가, 마**
③ 나, 다　　　　　④ 가, 나, 다
⑤ 가, 나, 다, 라, 마

✎ 해설

발수와 근관충전과 동시에 근관세척을 산정할 수 없다.

31. 응급근관처치에 대한 산정기준으로 옳지 <u>않은</u> 것은?

① 1치당으로 산정한다.
② 급성 상병명만 사용 가능하다.
③ 러버댐 산정 불가능하다.
④ 만 8세미만 소아의 경우 소정점수의 30%를 가산한다.
⑤ 발수와 동시에 시행한 경우 별도 산정 가능하다.

✎ 해설

⑤ 발수와 동시에 시행할 경우 발수로 산정한다.

32. 유치의 근관치료에 대한 설명으로 옳지 <u>않은</u> 것은?

① 미성숙 영구치의 경우 치수절단 치료가 가능하다.
② 감염된 근관의 경우 근관확대 선택적으로 인정한다.
③ 유치의 경우 NI-TI file은 산정 불가하다.
④ 원칙적으로 근관성형은 산정 불가하다.
⑤ 근관 충전 시 통상적으로 단순근관충전으로 산정한다.

✎ 해설

③ 감염된 유치의 경우 선택적으로 근관확대 산정 가능
ni-ti file 사용 시 산정가능하다.

33. 다음 중 상대가치점수가 올바르게 고저된 것은?

① #16 pfm 제거 < #16 근관내기존충전물 제거 < post 제거
② 치수절단 < 응급근관처치
③ 근관와동형성 < 발수
④ 치수복조 < 치아진정처치
⑤ 보철물 재부착 <보철물제거 (간단)

✎ 해설

② 응급근관처치 < 치수절단
③ 발수 < 근관와동형성
④ 치아진정처치 < 치수복조
⑤ 보철물제거 (간단) < 보철물재부착

34. 치근단에 염증이 있으나 치료가 어려운 경우 외과적으로 잇몸을 박리하고 치조골을 삭제하여 치근단부의 이상 조직을 제거해주는 술식은?

① 치은박리소파술 ② **치근단절제술**
③ 치조골성형술 ④ 구강내소염술
⑤ 치은절제술

35. 다음 중 진료와 상병명이 옳지 <u>않은</u> 것은?

① 치조골성형술 - k08.81 불규칙한 치조돌기
② 구강내열상봉합술 - s01.51 볼점막의 열린 상처
③ **구강내소염술 - k04.62 구강으로 연결된 동이 있는 근단주위농양**
④ 응급근관처치 - k04.4 치수기원의 급성 근단치주염
⑤ 발치와재소파술 - k10.3 턱의 치조염

③ 구강내소염술은 "**동이없는**" 상병명을 사용

36. burr (가) 항목을 산정할 수 없는 진료인 것은?

① 치조골성형술 ② 치근단절제술
③ 임플란트 제거술 나. 복잡 ④ 난발치
⑤ **치은박리소파술**

⑤ 치은박리소파술은 치주파트로 봉합사 산정가능.

37. 발치에 대한 설명으로 옳지 <u>않은</u> 것은?

① **유치는 난발치 산정이 불가하다.**
② 과잉치는 해당 치아 번호가 없으므로 과잉치가 위치하는 부위의 치식을 표시한다.
③ 전치 발치와 치조골 성형술을 동시에 시행하는 경우 전치발치 50% 치조골 성형술 100%이다.
④ 발치에 사용한 silk는 별도 산정 불가하다.
⑤ 치관 2/3 이상이 치조골 내에 매복되어 발치 시행 시 완전매복치로 산정한다.

① 유치의 경우 burr를 사용하여 치근 분리를 시행하면 난발치 산정 가능하다.

38. 동일부위 동시산정 가능한 진료 중 다른 하나는?

① 난발치 + 치조골성형술
② 구강내소염술 + 발수
③ 치근활택술 + 교합조정
④ **치은박리소파술 (복잡) + 치조골성형술**
⑤ 치은박리소파술 (복잡) + 임플란트제거술

④ 치은박리소파술 (복잡) 행위에 골 삭제와 성형이 포함

39. 치조골성형술에 대한 설명으로 옳지 <u>않은</u> 것은?

① 의치 제작 시 불규칙하게 융기된 치조골이 방해가 되는 경우 제거하고 산정한다.
② 무치악은 해당 부위의 치식을 입력한다.
③ **사용한 burr는 청구 가능하지만 silk는 산정 불가하다.**
④ 상병명은 k08.81 불규칙한 치조돌기를 사용한다.
⑤ 시술 후 dressing은 수술후처치(가)이다.

③ 치조골성형술은 burr와 봉합사 모두 산정 가능

40. 다음 중 치아의 맹출유도를 위해 치관부위를 덮고 있는 치은판을 절제하는 산정기준이 다른 하나는?

① 오래된 치아우식와동 상방으로 증식된 치은식육 제거
② 파절된 치아 상방으로 증식된 치은식육 제거
③ 치아 맹출을 위한 개창술
④ ss crwon 치료 시 치관길이 연장
⑤ **치은연하, 인접치간 우식치료를 위한 치관길이 연장**

문제는 치은판절제술의 산정기준을 물어보고 있다.
①, ②, ③, ④ 치은판절제술 산정기준
⑤ 치은절제술의 산정기준이다.

41. 산정기준이 적절하게 연결된 것은?

가. 치관확장술 (1치당)　　　나. 치은판절제술 (1치당)
다. 치은절제술 (1치당)　　　라. 수술후처치 (1일당)
마. 치은박리소파술 (1/3악당)

① 가, 다, 마　　　　　② 가, 라, 마
③ 나, 다, 마　　　　　④ 다, 라, 마
⑤ 가, 나, 다, 라, 마

✎ 해설

　나. 치은판절제술 (1구강당)
　다. 치은절제술 (1/3악단)

42. 봉합사를 별도산정할 수 있는 것끼리 묶인 것은?

① 치조골성형술, 치근단절제술, 매복치발치
② 매복치 발치, 구강내소염수술, 치근단절제술
③ 치조골성형술, 치은박리소파술, 치은절제술
④ 치은박리소파술, 치은판절제술, 치관확장술
⑤ 치은박리소파술, 치은절제술, 치은판절제술

✎ 해설

봉합사 산정가능	
외과 파트	치조골성형술, 구강내소염수술, 소대성형술
치주 파트	치은성형술, 치은절제술, 치은박리소파술

43. 치주치료 산정기준에 대한 설명으로 옳지 <u>않은</u> 것은?

① 치근활택술은 1개 치아에 시행하여도 100%로 인정한다.
② 치석제거는 구치부 1-2개 치아 시행 시
　치석제거의 50%만 산정한다.
③ 치주소파술은 1일 최대 3회(1악)까지 산정 가능하다.
④ 치근활택술은 급성, 만성 상병명 모두 사용 가능하다.
⑤ 치주소파술은 국소마취가 필수가 아니다.

✎ 해설

　⑤ 치주소파술은 반드시 전처치가 있어야 하며
　　만성 상병명만 사용 가능
　　국소마취는 필수이다.

44. 치주치료 후처치가 바르게 연결된 것은?

① 치은판 절제술 - 치주치료후처치 가.
② 치관확장술 - 치주치료후처치 가.
③ 치은절제술 - 치주치료후처치 나.
④ 치주소파술 - 치주치료후처치 나.
⑤ 치은바리소파술 - 치주치류후처치 가.

✎ 해설

　① 치은판 절제술 - 수술후처치 가.
　② 치관확장술 - 치주치료후처치 나.
　④ 치주소파술 - 치주치료후처치 가.
　⑤ 치은박리소파술 - 치주치료후처치 나.

45. 동일부위 치주치료 재시행에 관한 설명 중 옳은 것은?

① 치석제거 4개월 초과 - 치석제거 100%
② 치근활택술 5개월 초과 - 치근활택술 100%
③ 치은박리소파술 6개월 이내 - 치은박리소파술 100%
④ 치주소파술 1개월 이내 - 치주치료 후처치 나.
⑤ 치주소파술 1~3개월 이내 - 치주소파술 100%

✎ 해설

　① 치석제거 4개월 초과 - 치석제거 50%
　③ 치은박리소파술 6개월 이내 - 치은박리소파술 50%
　④ 치주소파술 1개월 이내 - 치주치료 후처치 가.
　⑤ 치주소파술 1~3개월 이내 - 치주소파술 50%

46. 다음 설명하는 진료는 어떤 진료인가?

치은 증식 또는 비대 치은에 산성하나.

① 치은판절제술　　　　　② 치은절제술
③ 치관확장술　　　　　　④ 치은박리소파술
⑤ 치주소파술

47. 치석제거 나.(전악)에 대한 설명으로 옳지 <u>않은</u> 것은?

① 후속 치주질환 치료 없이 전악 치석제거만으로 치료가
　종료되는 경우 연 1회 급여 산정 가능하다.
② 진료 전 요양기관정보마당 사이트에 들어가서 자격조회
　를 시행 후 잔여 횟수가 남아있는지 확인한다.
③ 만 20세 이상 환자가 적용 받는다.
④ 매년 1월 1일부터 12월 31일까지이다.
⑤ 횟수 초과하였을 경우 비급여로 산정한다.

③ 만 19세 이상 환자이다.

48. 보험 틀니 유지관리 중 산정기준이 다른 하나는?

① 첨상 직접법　　　② 교합조정
③ 의치상조정　　　**④ 인공치수리**
⑤ 조직조정

④ 인공치수리는 1치당 산정
①, ②, ③, ⑤ 1악당 산정

49. 다음 설명에서 유지관리 행위는?

> 의치의 사용으로 조직에 궤양이나 불편감이 존재하여
> 압력 지시재를 사용하여 과도한 압력부위를 삭제한 후
> 의치 내면을 조정하는 경우

① 개상　　　　　② 인공치수리
③ 의치상조정　　④ 의치상수리
⑤ 조직조정

압력지시재를 사용하여 과도한 압력부위를 삭제하는
행위는 의치상조정이다.

50. 급여 임플란트에 대한 설명으로 옳은 것은?

① 만 65세 이상 완전 무치악 환자
② 분리형 식립재료로 식립 한 경우
③ 상악동을 관통하여 관골에 식립한 경우
④ 1인당 개수 제한이 없다.
⑤ 보철 수복 재료는 금속도재관이다.

① 부분 무치악
③ 관골에 식립한 경우는 비급여 임플란트에 해당한다.
④ 1인당 최대 2개까지이다.
⑤ 보철은 비귀금속도재관(pfm)이나 지르코니아 해당.

모의고사 4회차 해설

01. 진료비 구성에 해당하는 것으로 적절하게 묶인 것은?

가. 진찰료	나. 약제료
다. 재료대	라. 행위료
마. 진료행위 가산율	

① 가, 나   ② 가, 다
③ 기, 나, 다   ④ 나, 다, 라
⑤ 가, 나, 다, 라, 마

해설

진료비는 5가지 보기 항목으로 구성되어있다.

02. 만 6세 미만 소아 환자가 치과 의원에서 치면열구전색 치료를 받았을 때 적절한 설명으로 옳지 <u>않은</u> 것은?

① 치면열구전색 행위료의 30% 가산이 가능하다.
② 러버댐은 장착료는 별도 산정 불가하다.
③ 본인 부담금은 10%만 부담하면 된다.
④ 치근단 촬영 시 방사선 단순촬영의 10% 가산이 된다.
⑤ 2년 이내 탈락 시 초,재진료만 산정 가능하다.

해설

④ 방사선단순촬영의 15%가 가산 된다.

03. 국민건강보험 가입자의 본인부담금 내용으로 옳은 것을 고르시오.

① 치과 의원에서 만 6세 환자의 본인부담률은 21%이다.
② 치과 의원에서 만 65세 이상 환자의 본인 부담률은 1,500원이다.
③ 임신부의 본인 부담률은 의원급 병원급 상관없이 10%이다.
④ 치과 병원에서 만 60세 환자의 본인 부담률은 40%이다.
⑤ 치과 병원에서 만 65세 환자의 총 진료비가 25,000원이 나왔다. 이 경우 본인 부담금은 2,500원이다.

해설

구분	만1세이상 ~ 만 6세 미만	만 6세 이상~ 만 65세 미만
의원	21%	30%
병원	28%	40%

만 65세 이상		
의원	15,000원 이상	1,500원
	15,000원 초과~2만원 이하	10%
	2만원 초과~25,000원이하	20%
	25,000원 초과	30%

구분	임신부
의원	10%
병원	20%

04. 의료급여 1종 환자가 치과 의원에서 마취 후 #46 발치를 시행하였다. 약 처방까지 받았다. 이 경우 본인 부담금으로 옳은 것은?

① 1,000원   ② 1,500원
③ 2,000원   ④ 10%
⑤ 20%

해설

의료급여 대상자			
구분		원외처방 ×	원외처방 ○
		의약품 ○	의약품 ×
의원	1·2종	1,500원	1,000원
병원 (시·도)	1종	2,000원	1500원
	2종	총액의 15% (임산부 5%)	

05. 다음 중 요양기관종별가산 적용 항목으로 올바른 것은?

가. 진찰료
나. 아말감 캡슐
다. 치석제거 (나)
라. 레진상 완전 틀니 1단계
마. 교합조정

① 가, 나
② 가, 나, 다
③ **다, 마**
④ 다, 라, 마
⑤ 가, 나, 다, 라, 마

요양기관종별 가산 = 진료행위 가산율입니다.

진료 행위에 해당하는 것은 다, 라, 마 3가지입니다.
그 중 보험 틀니와 보험 임플란트는 "포괄수과제"로 요양기관종별가산이 적용되지 않습니다.
따라서 정답은 **다, 마**입니다.

06. 다음 보기 중 알맞은 기본 진찰료와 적절하게 연결된 것은?

가. 나진상은 23/11/11 내원하여 파노라마를 촬영하였다.
12/16일 내원하여 이전 파노라마를 참고하여
#48 사랑니 발치를 시행하였다.

나. 한똑똑은 23년 국가 검진 대상자라 검진 시행 후 다음날 내원하여 치석제거(가) 시행하였다.

다. 이모범은 타치과 발치 후 내원하여 발치와재소파술을 시행하였다.

	가	나	다
①	초진	재진	재진
②	초진	초진	재진
③	초진	초진	초진
④	**재진**	**재진**	**초진**
⑤	재진	초진	초진

가. 이전 파노라마 참조하여 "**재진**"
나. 국가검진 이후 30일 이내 내원 시 "**재진**"
다. 타치과 발치 후 본원 내원 시 "**초진**"

07. 의료급여 1종 수급권자 중 본인 부담금 면제가 되는 대상자로 올바른 것은?

① **선택 병의원 의료기관 이용자**
② 노숙자
③ 20세 미만인 자
④ 등록 천식 질환자
⑤ 가정간호 대상자

본인부담금 면제자	
당연 적용 대상자	• 18세 미만 • 행려환자 • 결핵질환자 • 중증질환자 (암환자 포함) • 희귀질환자, 중증 난치성질환자 (장기이식자 포함) • 선택의료급여기관 이용자
신청에 의해	• 20세 이하 중·고등학교 재학 • 임산부 / 가정간호

08. 다음 중 기본 진찰료로 산정하는 경우가 <u>아닌</u> 것은?

① 진단서를 발급해주는 경우
② 고정장치 제거 후 시행하는 d/r
③ 사랑니 발치 후 시행한 약 처방
④ 치아 사이에 낀 음식물을 제거하는 경우
⑤ **큐레이 펜 장비를 이용하여 구내 사진을 찍은 경우 초, 재진료의 100%를 산정한다.**

⑤ 정량광형광기 우식검사증에 대한 설명이다.

09. 처방료 산정기준으로 옳지 <u>않은</u> 것은?

① 비급여 임플란트 진료 후 처방전은 '기타'로 발급한다.
② 애니펜정 400mg 처방 대신 200mg 2개로 처방을 낸다.
③ 헥사메딘은 1회 100ml 이내로 처방을 낸다.
④ 처방전 사용기간 이내 처방전을 분실하여 재발급 하는
　경우 별도로 진찰료를 산정할 수 없다.
⑤ 고가의 약은 환자 부담이 될 수 있어 피한다.

✎ 해설

　② 동일한 약의 저함량 배수처방은 지양한다.

10. 다음 보기 중 비급여 진료로 적절하게 묶인 것은?

가. 자가중합형 복합레진	나. 치관노출술
다. 교합음도검사	라. 외과적 치아정출술
마. MTA	

① 가, 다　　　　　　② 나, 다, 마
③ 나, 다, 라, 마　　④ 가, 라, 마
⑤ 가, 나, 다, 라, 마

✎ 해설

　가. 광중합형 복합레진은 급여 레진(만12세 이하)
　　　제외하고 비급여

11. 진료행위와 상병이 적절하게 연결된 것을 고르시오.

① #46 보철물 탈락
　- k08.1 사고, 추출 또는 국한성 치주병에 의한 치아 상실
② #23 i&d - k04.7 동이 없는 근단주위농양
③ #26 치면열구전색 - k02.1 상아질의 우식
④ #44 치조골 성형술 - k10.3 턱의 치조염
⑤ #11 치관확장술 가. 치은절제술 - k05.5 기타 치주질환

✎ 해설

　① 보철물 탈락 - t85.6 치과보철물의 파절 및 상실
　③ 치면열구전색 - z29.8 기타 명시된 예방적조치
　④ 치조골 성형술 - k08.81 불규칙한 치조돌기
　⑤ #11 치관확장술 가. 치은절제술 - k02.1~우식상병
　　　　　　　　　　　　　　　k04~신경치료상병

12. 치주치료 시 적용 가능한 상병으로 적절하지 <u>않은</u> 것은?

① k05.31 만성 복합 치주염
② k05.32 만성 치관 주위염
③ k04.5 만성 근단 치주염
④ k06.18 기타 명시된 치은 비대
⑤ k05.5 기타 치주질환

✎ 해설

　③ K04.5 만성 근단 치주염
　　　대표적인 재근관치료 상병명입니다.

13. 다음 중 상대가치점수가 올바르게 고저된 것은?

① 근관와동형성 < 발수
② 근관확대 < 근관 성형
③ 난발치 < 치조골성형술
④ 치주치료후처치 나. < 수술후처치
⑤ 치수복조 < 보통처치

✎ 해설

　① 발수 < 근관와동형성
　③ 치조골성형술 < 난발치
　④ 수술후처치 < 치주치료후처치 나.
　⑤ 보통처치 < 치수복조

14. 다음 중 동일부위 동시산정이 다른 하나는?

① 구강내소염술 + 근관세척
② 근관내기존충전물제거 + 발수
③ 치수절단 + 충전 처치
④ 잠간고정술 + 교합조정술
⑤ 발수 + 치아파절편 제거

✎ 해설

　①, ③, ④, ⑤ 동시 산정이 가능합니다.
　① 구강내소염술 + 근관세척 = 100 : 100
　③ 치수절단 + 충전 = 100 : 100
　④ 잠간고정술 + 교합조정 = 100 : 50
　⑤ 발수 + 치아파절편제거 = 100 : 100
　② 근관내기존충전물제거와 발수는 산정 불가입니다.

15. 다음 중 중 행위와 정의가 올바르게 연결된 것은?

가. #46 우식 제거 후 ZOE로 임시 충전하였다.
나. #33 신경치료 도중 caviton이 탈락하여 재충전을 시행하였다.
다. #24 우식 제거 도중 치수가 미세하게 노출되어 dycal로 노출된 부분의 염증을 억제하였다.

	가	나	다
①	보통처치	치아진정처치	치수복조
②	보통처치	치수복조	치아진정처치
③	치아진정처치	치수복조	보통처치
④	**치아진정처치**	**보통처치**	**치수복조**
⑤	치수복조	보통처치	치아진정처치

✎ 해설

가. 우식제거 후 임시충전은 "**치아진정처치**"입니다.
나. caviton 임시재료만 재충전은 "**보통처치**"입니다.
다. 치수 노출로 dycal을 사용하여 "**치수복조**"입니다.

16. 다음 중 설명하는 행위로 맞는 것은?

치아 맹출을 위한 개창술로 부분 맹출치아 또는 유치의 치관 상방을 덮고 있는 치은 조직 절제를 시행한 경우 시행한다.

① 치은성형술
② **치은판 절제술**
③ 치은절제술
④ 치관 확장술
⑤ 근단변위판막술

17. 치과 마취에 대한 설명으로 옳지 <u>않은</u> 것을 고르시오.

① **#55 치아의 경우 전달 마취 산정 가능하다.**
② #48 발치 시 침윤마취를 시행하였으나 통증을 호소하여 전달 마취를 시행하였다. 이 경우 전달마취만 인정된다.
③ 마취에 사용한 앰플은 개수 상관없이 인정 가능하다.
④ 만 70세 노인의 마취 시 마취료의 30%가 가산된다.
⑤ 마취료는 행위료＋약제료＋의약품 관리료로 구성된다.

✎ 해설

#55 상악 유구치로 전달마취 산정 불가입니다.

18. 진료 내역의 치근단 촬영 횟수를 구하시오.

c.c 오른쪽 아래 충치가 있는 것 같아요.

tx. #45,46 치근단 1매(Digital) K02.1 상아질의 우식
#46 PE, AO, CE, CS, CI, K04.01 비가역적 치수염
WLD 시 FILE 넣고 각도 달리 치근단 2매(Digital)
#46 CF 치근단 1매(Digital)

① 치근단 촬영 동시 2매 4회
② 치근단 촬영 동시 2매 2회 + 치근단 촬영 판독 2회
③ **치근단 촬영 판독 2회 + 치근단 촬영 동시 2매 1회**
④ 치근단 촬영 판독 4회
⑤ 치근단 촬영 판독 2회 + 치근단 촬영 동시 3매 1회

✎ 해설

#45,46 진단용 1장
#46 근관 충전용 1장 → 치근단 촬영 2회
#46 각도 변경하여 촬영 1장 → 치근단촬영 동시 2매

19. 파노라마 산정기준이 <u>아닌</u> 하나는?

① 매복 치아의 치아 위치, 형태, 매복 정도의 평가를 위해
② **초기 치주질환 관찰을 위해 촬영하는 경우**
③ 외상으로 개구가 제한되어 구내 촬영이 불가능한 경우
④ 턱관절 부위 관찰을 위하여
⑤ 기타 치근단 촬영만으로 진단이 불충분한 경우

✎ 해설

② 교익촬영의 산정기준입니다.

20. Cone Beam ct 촬영이 가능한 경우로 옳지 <u>않은</u> 것은?

① 3치관 크기 이상의 치근낭
② #38 하치조신경관과 겹쳐 보여 위험도가 높은 경우.
③ 스프린트 치료에 반응하지 않는 측두하악장애
④ **치근 절제술을 요하는 경우로서, 해부학적으로 위험한 상태일 경우**
⑤ 타액선 결석 진단을 하는 경우

④ 치근단절제술이나 치아재식술 시
해부학적으로 위험한 경우 산정할 수 있습니다.

21. 다음 진료에서 즉일충전처치와 충전처치 적용이 올바른 것은?

> 가. 당일 치수 절단 후 글래스아이오노머 충전
> 나. 일주일 전 근관충전 후 아말감 충전 시행함
> 다. 당일 치경부 부위 기존 재료 제거 후
>   글래스아이오노머 충전

	가	나	다
①	충전처치	충전처치	충전처치
②	충전처치	즉일충전처치	즉일충전처지
③	**충전처치**	**충전처치**	**즉일충전처치**
④	즉일충전처치	충전처치	즉일충전처치
⑤	즉일충전처치	즉일충전처치	즉일충전처치

✎ 해설

가. 전처치 치수절단 후 충전 **"충전"**
나. 전처치 근관충전 후 충전 **"충전"**
다. 당일 충전 완료 **"즉일충전처치"**

22. 러버댐 장착을 산정할 수 있는 것으로 모두 고르시오.

> 가. 광중합형복합레진   나. 치아진정처치
> 다. 근관충전   라. 응급근관처치
> 마. 치수절단

① 가, 나, 라　　　② 가, 다, 라
③ 다, 마　　　④ 나, 다, 마
⑤ 가, 다, 마

✎ 해설

러버댐 장착	
산정 불가	보통처치, 치아진정처치, 치수복조, 응급근관처치 광중합형 복합레진, 치면열구전색

23. 지각과민처치에 대한 설명으로 올바른 것은?

① bis block를 도포하면 지각과민처치 (가)이다.
② prep 한 치아에 시림을 호소하여 gluma를 도포 하였을 경우 청구 가능하다.
③ **single bond를 도포한 후 일주일 뒤 내원하였다. 이 경우 진찰료만 산정 가능하다.**
④ 사용한 약제는 별도 산정 가능하다.
⑤ super seal의 경우 6개월 이내 재실시할 경우 진찰료만 산정 가능하다.

✎ 해설

① bis block은 지각과민처치 (니) 약제이다.
② 보철 진료와 동시에 청구불가이다.
④ 약제는 별도산정 불가.
⑤ super seal은 지각과민처치 (가) 약제로
1주일 간격으로 2-3회 재도포 가능하다.

24. 광중합형 복합레진 충전 산정기준으로 옳은 것은?

① 만 12세 미만 아동에 적용 가능하다.
② 사랑니에 실시한 경우에도 적용 가능하다.
③ 우식증이 있는 치아에 보철을 목적으로 광중합형 복합레진을 실시한 경우 요양급여로 인정한다.
④ **광중합형 복합레진은 충전과 즉일충전처치를 구분하지 않는다.**
⑤ 1일 최대 6치까지이다.

✎ 해설

① 만 5세 이상~만 12세 이하 아동이 대상
② 사랑니, 유치, 마모 치아, 파절치아는 적용불가
③ 보철 목적은 적용불가
⑤ 1일 최대 4치이다.

25. 보철물 제거와 재부착에 대한 설명으로 옳은 것은?

① #25x27 bridge 보철물 재부착을 한 경우
   횟수 3회로 산정한다.
② 브릿지 크라운을 제거하고 상태 평가 후
   발치가 이루어진 경우에 발치만 인정한다.
③ ss crown 제거 시 보철물 제거 복잡으로 산정한다.
④ **당일 보철물 제거 후 내부 gi core를 제거하는 경우**
   보철물 제거 복잡으로 산정한다.
⑤ sp crown의 경우 보철물 재부착을 산정할 수 없다.

✎ 해설

　① #25x27 보철물재부착은 2회로 산정
　② 상태 평가 후 순차적으로 발치 시 인정이 되고 있다.
　③ ss crown은 보철물 제거 간단.이다.
　⑤ sp crown도 보철물 재부착을 산정할 수 있다.

26. 치면열구전색술에 대한 설명으로 옳지 <u>않은</u> 것은?

① 1치당으로 산정한다.
② 타 치과 치면열구전색 후 탈락하여 내원한 경우
   100% 산정 가능하다.
③ 사용한 재료대인 러버댐은 별도 산정 불가하다.
④ **교합면에 충치가 없어도 협면에 충치가 있으면 산정**
   불가하다.
⑤ 만8세미만 소아 환자가 치면열구전색을 시행한 경우
   행위료의 30% 가산이 가능하다.

✎ 해설

　④ 광중합형복합레진 (B) + 치면열구전색 (O)
　　동시 시행 시 100 : 50으로 산정한다.

27. 급여 틀니 산정기준으로 괄호에 알맞은 내용은?

> 치과 보험 틀니의 급여 대상은 만 65세 이상의 건강보험
> 가입자 또는 피가입자이다. (　가　)년 이내 1회를 원칙
> 으로 한다. 틀니의 본인부담률은 요양급여비용 총액의
> 30%이다. 의료급여 1종의 경우 (　나　)% 2종의 경우
> (　다　)%이다.

	가	나	다
①	7년	15%	5%
②	7년	5%	10%
③	7년	30%	30%
④	7년	5%	10%
⑤	**7년**	**5%**	**15%**

28. 틀니유지관리에 대한 설명으로 옳은 것은?

① **급여틀니 장착 이후 3개월 이내 유지관리는 진찰료만**
   산정할 수 있다.
② 교합조정은 1치당으로 산정한다.
③ 임시틀니의 유지관리는 급여 틀니와 똑같이 적용한다.
④ 의치 내면에 연질 이장재를 적용하여 시간이 지난 후
   과잉의 연질 이장재를 제거하는 경우 의치상조정이다.
⑤ 급여 틀니 유지관리 상병명은 k08.1
   사고, 발치 또는 국한성 치주병에 의한 치아상실이다.

✎ 해설

　② 교합조정은 1악당으로 산정한다.
　③ 임시틀니의 경우 유지관리 산정 불가이다.
　④ 조직조정에대한 설명이다.
　⑤ z46.3 치과보철장치의 부착 및 조정을 사용한다.

29. 근관치료 산정기준으로 옳지 <u>않은</u> 것은?

① 발수 시 사용한 Barbed-Broach는 1근관당으로 산정한다.
② 발수 한 당일 구강내소염술을 시행한 경우
   각각 산정 가능하다.
③ NI-TI file을 사용한 경우 1회에 한하여 1치당 산정한다.
④ **유치의 경우 근관장측정검사 산정 불가하다.**
⑤ MTA를 사용하였을 경우 비급여로 산정 가능하다.

✎ 해설

　　④ 유치도 근관장측정검사 산정 가능합니다.
　　　원칙적으로 산정 불가한 것은 근관성형입니다.

30. 근관내기존충전물 제거에 대한 설명으로 옳은 것은?

① NI-TI FILE은 산정 불가하다.
② 보철물 제거 후 근관내기존충전물제거를 시행한 경우
   100:50으로 산정한다.
③ 치수염 상병으로 청구 가능하다.
④ 근관치료 완료 후 한달 이내 재근관치료는 산정 불가하다.
⑤ **근관장측정검사는 산정 가능하다.**

✎ 해설

　　① Barbed-broach 산정 불가
　　② 100:100 산정 가능
　　③ 치수를 제거하여 치수염상병은 적용 착오입니다.
　　④ 기간 상관없이 재근관치료 진행 가능합니다.

31. 동일 치아에 2가지 진료를 시행하는 경우
산정기준이 다른 하나를 고르시오.

① 치아파절편제거 + 발수
② 근관내기존충전물제거 + 근관와동형성
③ 근관충전 + 스케일링
④ **당일발수근충 + 근관장측정검사**
⑤ 치수 절단 + 러버댐장착

✎ 해설

　　①, ②, ③, ⑤ 동시 산정가능
　　④ 당일발수근충 행위에 포함되어 있습니다.

32. 발수 시 마취가 필요 없는 상병명은?

① k04.0 가역적 치수염
② **k04.1 치수의 괴사**
③ k02.8 기타 치아 우식
④ k02.5 치수 노출이 있는 우식
⑤ k02.2 시멘트질의 우식

✎ 해설

　　② 치수가 괴사되면 아프지 않습니다.

33. 치수절단의 산정기준에 대한 설명으로 올바른 것은?

① 1근관당으로 산정한다.
② 유치는 산정 불가하다.
③ 근단 병소가 있는 경우 산정 가능하다.
④ 동일 치아에 치수 절단과 충전을 시행한 경우 충전만
   시행할 수 있다.
⑤ **미성숙 영구치의 치료 시 자주 시행한다.**

✎ 해설

　　① 1치당 산정
　　② 유치나 미성숙영구치에 산정
　　③ 근단병소가 있으면 적용 착오입니다.
　　④ 치수절단 + 충전 = 각각 별도 산정 가능입니다.

34. 발치에 관한 설명으로 올바른 것은?

① 유치의 경우 치근 분리를 시행하여도 난발치로 산정할
　수 없다.
② #44 발치와 치조골성형술을 동시에 하는 경우
　발치 0.5회 치조골 성형술 1회이다.
③ 발치 시 실시한 봉합술에 사용한 SILK는
　별도 산정 가능하다.
④ 교정 치료를 목적으로 치관주위염 치아를 발치한 경우
　비급여로 산정한다.
⑤ 난발치의 경우 X-RAY 없이 시행하여도 된다.

✎ 해설

　① 유치도 치근분리하여 발치하였을 경우 산정 가능
　③ 발치는 봉합사 산정 불가합니다.
　④ 치관주위염 질병으로 인한 발치는 급여 가능입니다.
　⑤ 난발치의 경우 x-ray 없이 일률적으로 진행한 경우
　　발치로 조정될 수 있습니다.

35. 치조골성형술을 시행한 경우 산정기준에 대한
설명으로 올바른 것은?

① 다수 치아를 시행하여도 1회로 산정한다.
② BURR 는 산정 가능하지만 SILK는 산정 불가하다.
③ 발치와 동시에 치조골성형술을 시행한 경우
　치조골 성형술만 산정 가능하다.
④ 매복치 발치에서 치조골성형술을 시행한 경우
　매복치 발치만 산정가능하다.
⑤ 치조골 성형술의 상병명은 k10.3 턱의 치조염이다.

✎ 해설

　① 1치당 산정
　② BURR와 SILK 모두 산정 가능합니다.
　③ 발치와 치조골성형술 각각 산정 가능합니다.
　　주된 수가 100, 부수적인 행위 50으로 산정합니다.
　⑤ k08.81 불규칙한치조돌기 상병명입니다.

36. 구강내소염술 산정기준으로 적절하지 <u>않은</u> 것은?

① 1치당으로 산정한다.
② 당일 2부위 이상 시행하는 경우
　주된 부위 100% 그 이외 부위 50%로 산정하여 최대
　200% 산정가능하다.
③ 발치와 구강내소염술을 시행한 경우 발치만 산정한다.
④ 시술 후 재시행 한 경우 100% 재산정 가능하다.
⑤ 사용한 SILK는 산정 가능하다.

✎ 해설

　① 구강내소염술은 1/2악당 산정합니다.

37. 후처치가 적절하게 연결되지 <u>않은</u> 하나는?

① 치조골성형술 - 수술후처치 가.
② 구강내소염술 - 수술후처치 가.
③ 치관 확장술 가. - 치주치료후처치 나.
④ 치은판절제술 - 치주치료후처치 나.
⑤ 치주소파술 - 치주치료후처치 가.

✎ 해설

　④ 치은판절제술은 구강외과 항목으로
　　수술후처치 가.입니다.

38. 치근단 절제술에 관한 설명으로 옳지 <u>않은</u> 것은?

① 전치와 구치로 구분하여 산정 할 수 있다.
② 근단 절제에 사용한 BURR의 경우 BURR 가.로 산정
③ 당일 치근낭적출술을 동시 시행한 경우
　주된 치료 100% 낮은 수가 50%로 산정한다.
④ X-RAY 촬영이 필수이다.
⑤ 치근단절제술 후 시행하는 역근관충전은
　별도 산정 가능하다.

✎ 해설

　⑤ 치근단절제술 후 시행하는 역근관충전은 행위에
　　포함되어 별도 산정 불가입니다.

39. 구강외과 치료에 대한 설명이다. 설명 중 옳은 것을 1개 고르시오.

① 발치 치아를 스케일링한 경우 각각 산정 가능하다.
② 외상으로 치아가 완전 탈락되어 다시 치아를 제 위치 행위는 탈구치아정복술이다.
③ 구강내열상봉합술에 사용한 SILK는 산정 불가하다.
④ 설소대성형술 시 Z-plasty를 시행한 경우 설소대성형술 간단으로 산정한다.
⑤ **치아재식술 후 dressing은 수술후처치 가.이다.**

✎ 해설

① 발치 + 스케일링 = 발치만
② 완전 탈구된 경우 "**치아재식술**"
③ 구강내열상봉합술은 봉합사 산정 가능
④ z-plasty의 경우 설소대성형술 복잡으로 산정

40. burr 가. 항목으로 묶인 것은?

> 가. 치조골 성형술
> 나. 완전 매복치 발치
> 다. 치근절제술
> 라. 치과 임플란트 제거술
> 마. 치은박리소파술 나.

① **가, 나, 라**　　　② 가, 나, 라, 마
③ 가, 나, 다　　　　④ 가, 다, 마
⑤ 가, 나, 다, 라, 마

✎ 해설

다. 치근절제술
마. 치은박리소파술 나.
치주 파트 항목으로 봉합사 산정 가능합니다.

41. 치주치료 산정기준에 대한 설명으로 옳은 것은?

① 치주낭 측정검사의 경우 1일 최대 3회 가능하다.
② 동일 부위 치석제거와 교합조정술을 동시 시행한 경우 100 : 50으로 산정한다.
③ **치아 착색물 제거 목적의 치석제거는 비급여다.**
④ 급성 상태인경우 전처치 없이 치주소파술 산정 가능하다.
⑤ 성인 환자의 치태 제거 시 치면세마 산정 가능하다.

✎ 해설

① 1일 최대 6회 가능합니다.
② 치석제거 + 교합조정술 = 각각 100% 별도 산정 가능
④ 치근활택술은 급성 상태에서 산징 가능합니다.
⑤ 치면세마는 유치에만 적용 가능합니다.

42. 치주질환 처치 시 재시행 기준으로 올바르게 연결된 것은?

> 가. 치석 제거 후 1개월 초과 3개월 이내　　　(　　)%
> 나. 치근활택술 후 1개월 초과 3개월 이내　　　(　　)%
> 다. 치은절제술 1개월 초과 3개월 이내　　　(　　)%

	가	나	다
①	치주치료후처치 간단	100%	50%
②	**치주치료후처치 간단**	**50%**	**50%**
③	치주치료후처치 간단	100%	100%
④	치주치료후처치 간단	50%	100%
⑤	치주치료후처치 간단	50%	치주치료후처치 복잡

43. 다음 설명하는 진료의 산정단위는?

> 근관치료를 시행하고 치관길이 연장 목적으로 시행하는 진료.

① 1/3악당　　　　② **1치당**
③ 1구간당　　　　④ 1/2악당
⑤ 1악당

✎ 해설

치관확장술에 대한 설명입니다.

44. 잠간고정술에 대한 설명으로 옳지 <u>않은</u> 것은?

① 3치 이하 4치 이상으로 산정한다.
② **광중합형 복합레진을 이용하여 치료한 경우**
   재료대 별도산정 가능하다.
③ 잠간고정술과 교합조정술을 동시 시행한 경우
   100:50으로 산정한다.
④ 후처치는 원인이 되는 후처치로 산정한다.
⑤ 잠간고정술은 1악당으로 산정한다.

✎ 해설

　② 급여되는 자가중합형 복합레진의 경우 재료대 산정
　　가능합니다.

45. silk 산정할 수 있는 항목으로 바르게 연결된 것은?

가. 치과 임플란트 제거술	나. 구강내소염술
다. 치은박리소파술	라. 치아재식술
마. 치은절제술	

① 가, 라　　　　　　② 가, 나, 다, 마
③ **나, 다, 마**　　　　④ 나, 다, 라
⑤ 가, 나, 다, 라, 마

✎ 해설

봉합사 산정가능	
외과 파트	치조골성형술, 구강내소염수술, 소대성형술
치주 파트	치은성형술, 치은절제술, 치은박리소파술

46. 해당 치식의 적용 횟수가 옳은 것은?

① #33, 34 치주낭 측정검사 - 2회
② **#43, 44 치근 활택술 - 2회**
③ #13, 14 치석제거 가. - 2회
④ #33, 34 치관확장술 가. - 1회
⑤ #24, 25 치은절제술 - 2회

✎ 해설

　① #33, 34 치주낭 측정검사 - 1회
　③ #13, 14 치석제거 가. - 1회
　④ #33, 34 치관확장술 가. - 2회
　⑤ #24, 25 치은절제술 - 1회

47. 동일 부위 동시 산정 할 수 없는 진료행위를 고르
시오.

① **발치 + 발치와재소파술**
② 치근단절제술 + 치근낭적출술
③ 치근활택술 + 교합조정술
④ 치아 재식술 + 잠간고정술
⑤ 가압근관충전 + 치근단절제술

✎ 해설

　① 발치당일 발치와재소파술은 산정불가입니다.

48. 진료비 고저가 올바르지 <u>않은</u> 한 개는?

① 난발치 + burr < 매복치 발치
② 치은절제술 < 치은박리소파술
③ **치근활택술 < 구강내소염술**
④ 치근단절제술 < 치근낭적출술
⑤ 탈구치아정복술 < 치아재식술

✎ 해설

　③ 구강내소염술 < 치근활택술

49. 급여 임플란트 산정기준에대한 내용으로 올바른 것은?

① 3개월 이내 6회까지 진찰료만 산정한다.

② 3개월 초과 후 음식물 끼임으로 보철물 재제작 한 경우 진찰료만 산정한다.

③ **치과 임플란트 주위 치주질환으로 처치한 경우 급여 산정 가능하다.**

④ 임플란트 제거 시 사용한 버는 별도 산정 불가하다.

⑤ 보험 임플란트 2단계 식립 후 실패 시 임플란트 세거술 청구 가능하다.

✎ 해설

① 3개월 이내 횟수제한 없이 진찰료만 산정합니다.

② 보철물 재제작의 경우 비급여 항목입니다.

④ 트레핀 버를 사용하였을 경우 산정 가능합니다.

⑤ 임플란트제거술은 청구 불가합니다.

50. 급여 임플란트에 대한 산정기준으로 옳지 <u>않은</u> 것은?

① **만 65세 이상 완전 무치악 환자**

② 진료 단계별로 비용을 산정하고 각 진료 단계 종료 시 청구한다.

③ custom abutment를 사용한 경우 재료대 청구 불가하다.

④ 임플란트 시술에 골이식을 동반한 경우 비급여로 산정할 수 있다.

⑤ 전치부 구치부 구분 없이 1인당 2개까지이다.

✎ 해설

① 부분무치악에 적용 가능합니다.

모의고사 5회차 해설

01. 연령별 가산율에 대한 내용으로 옳은 것을 고르시오.

	가산 내용	
만 6세 미만	방사선 단순 영상촬영료	가.
	방사선 특수영상 촬영료	나.
만 8세 미만	마취 가산	다.
만 70세 이상		

	가	나	다
①	10%	20%	30%
②	**15%**	**20%**	**30%**
③	15%	30%	30%
④	5%	15%	30%
⑤	10%	30%	30%

02. 야간 진료 시 가산할 수 있는 항목에 대한 설명으로 적절하지 <u>않은</u> 것을 고르시오.

① 평일 18 : 00~익일 09 : 00 사이 진료를 할 경우 기본 진찰료의 30%를 가산한다.

② 치과 의원에서 토요일 11 : 30분 내원하여 환자를 진료하였을 경우 기본진찰료의 30%를 가산한다.

③ 평일 17 : 50분 접수 후 18 : 05 진료를 시행하였다. 이 경우 야간진료 가산이 적용되지 않는다.

④ 평일 08 : 50 접수 후 09 : 05분에 진료를 시행하였다. 이 경우 야간진료 가산이 적용되지 않는다.

⑤ 만 8세미만의 소아 진료 시 오후 20 : 00 ~ 익일 07시 사이에 진료를 할 경우 기본진찰료의 200% 가산한다.

 해설

⑤ 야간 가산은 만 6세미만 소아에 해당한다.

03. 소아에게 적용되는 가산율에 대한 설명으로 옳은 것을 고르시오.

① 만 7세 소아의 치면열구전색 시 30% 행위가산이 적용된다.

② 만 7세 소아의 발치 진료 시 30% 행위가산이 적용된다.

③ 만 6세 소아의 #65 당일발수근충을 시행하였다. 이 경우 30% 행위가산이 적용된다.

④ 만 7세 소아의 치근단 촬영 시 10% 행위 가산된다.

⑤ 만1세이상~만6세미만 소아는 초진료에 9.08이 가산된다.

 해설

② 유치 발치는 가산 항목이 아니다.

③ 당일발수근충은 가산 항목이 아니다.

④ 만 6세 미만 소아 치근단 촬영은 15% 가산된다.

⑤ 만1세이상~만6세미만 소아는 초진료에 10.89

만 8세미만 30% 행위가산항목	보통처치, 치아진정처치 즉일충전처치, 와동형성,충전, 발수, 근관확대(성형), 근관세척, 근관충전, 치아파절편제거, 치수절단, 응급근관처치, 광중합형복합레진, 치면열구전색

※ 가산x:발치, 당일발수근충, 치수복조, 치주낭측정검사, 러버댐, 치석제거 등

04. 다음 중 옳은 것을 고르시오.

① 치과 병원에 내원한 의료급여 환자는 행위 가산이 적용되지 않는다.

② 방사선 일반영상진단료는 종별 가산을 적용한다.

③ 약제 수가에는 마취 앰플, 봉합사 등이 있다.

④ 6세미만 소아에게는 방사선일반영상진단료 15%가 가산된다.

⑤ 공휴일 야간에 내원 시 중복 가산이 적용된 진찰료를 산정할 수 있다.

✎ 해설

① 행위가산은 의원급 병원급 상관없이 적용된다.
② 방사선 일반영상진단료는 종별 가산을 적용 안한다.
③ 약제 수가에는 마취 앰플이 있다.
　봉합사는 재료대이다.
⑤ 공휴일 야간에 내원 시 중복 가산 적용하지 않는다.

05. 본인부담금에 대한 설명으로 옳은 것은?

① 만 60세 건강보험 환자가 치과의원에서 총 진료비 24,000원인 경우 본인부담금 7,200원이다.
② 만 8세 건강보험 환자가 치과의원에서 광중합형복합레진 치료 시 본인부담금 10%만 부담한다.
③ 만 5세 건강보험 환자가 치과병원에서 총 진료비 40,000원인 경우 본인부담금 16,000원이다.
④ 만 40세 의료급여 1종 환자가 치과 병원에서 약처방만 받았을 경우 본인부담금은 2,000원이다.
⑤ 만 12세 의료급여 1종 환자가 치과의원에서 치면열구전색술을 한 경우 본인부담금 5%만 부담한다.

✎ 해설

① 본인부담금 30%로 계산하면 7,200원이다.
② 본인부담금 30%이다.
　본인부담금 10%에 해당하는 것은 치면열구전색
③ 본인부담금 28%이다. 11,200원
④ 1,500원이다.
⑤ 의료급여 2종 환자의 본인부담금이 5%이다.

06. 의료급여 1종 20세 환자가 치과병원에 내원하였다. 파노라마 촬영 후 #48 매복치 발치를 시행하였는데 이때 본인 부담금은 얼마인가?

(약 처방을 함께 시행하였다.)

① 1,000원
② 1,500원
③ 2,000원
④ 2,500원
⑤ 촌액이 15%

✎ 해설

매복치 발치 시 마취와 약처방이 동반된다.
따라서 1,500원이다.

의료급여 대상자				
구분		원외처방 ×		원외처방 ○
		의약품 ○	의약품 ×	의약품 상관 無
의원	1·2종	1,500원	1,000원	
병원 (시·도)	1종	2,000원	1,500원	
	2종	총액의 15% (임산부 5%)		

07. 건강보험대상 환자들의 본인부담금이 동일한 것끼리 고르시오.

가. 6세 환자가 치과의원에서 발치를 하였을 때
나. 64세 환자가 치과병원에서 치근활택술을 받았을 때
다. 66세 환자가 치과의원에서 즉일충전처치를 하고 총 진료비가 20,000원이 나왔을 때
라. 8세 환자가 치과 의원에서 치수절단을 받았을 때
마. 70세 환자가 치과 의원에서 총 진료비가 25,000원이 나왔을 때

① 가, 다, 마
② 가, 라
③ 가, 라, 마
④ 나, 마
⑤ 나, 라, 마

✎ 해설

구분	만 6세 이상~만 65세 미만
의원	30%
병원	40%

만 65세 이상		
의원	15,000원 이상	1,500원
	15,000원 초과~2만원 이하	10%
	2만원 초과~25,000원이하	20%
	25,000원 초과	30%

가. 30%
나. 40%
다. 10%
라. 30%
마. 20%

구분	6세 미만	6세 이상 ~ 65세 미만
치과의원	(가)%	(다)%
치과병원	(나)%	(라)%

	가	나	다	라
①	5%	10%	30%	40%
②	5%	10%	30%	40%
③	10%	20%	30%	40%
④	**21%**	**28%**	**30%**	**40%**
⑤	21%	28%	21%	40%

09. 다음 보기중 비급여 시술인 것은??

① 풍치로 내원한 환자의 치아 동요도 검사
② 가역적치수염 환자에게 치수 냉온 검사를 실시하였다.
③ **치아 머리 부분이 매복되어 치관노출술을 시행하였다.**
④ 구강건조증인 환자에게 불소를 도포하여 치아우식증 예방하였다.
⑤ 자가중합형 복합레진을 사용하여 #46 충전처치 하였다.

 해설

불소 도포 건강보험 적용 대상자의 경우
1) 쉐그랜증후군 환자
2) 구강 건조증
3) 두경부 방사선 치료를 받은 자
4) 뇌병변, 지적, 정신, 자폐성 장애 환자분

10. 다음중 비급여 항목이 <u>아닌</u> 것은?

① resin core
② **MTA sealer**
③ 치태조절교육
④ 치관노출술
⑤ 임플란트 골이식술

해설

근관치료 마무리 시 사용되는 sealer는
진료 행위에 포함되어 별도로 청구할 수 없다.

11. 다음 중 보험 임플란트 시술 시 비급여로 받을 수 있는 항목은?

① 임플란트 시술 시 사용한 cover screw
② 임플란트 impression에 사용한 coping
③ **일체형 식립 재료의 고정체**
④ 당뇨 환자에게 시행된 당검사
⑤ 임플란트 2차 수술 시 사용한 healing abutment

해설

①, ②, ④, ⑤ 진료 행위에 포함되어 별도산정 할 수 없다.
③ 일체형 식립재료는 보험 적용 대상이 아니다.

12. 다음 중 진찰료 산정기준으로 옳지 <u>않은</u> 것은?

① 진찰료는 기본진찰료와 외래관리료로 구성된다.
② 해당 상병으로 우리 병원 동일 의사에게 치료받은 경험이 없는 환자를 초진으로 산정한다.
③ **치료 종결 후 30일 이내 같은 이유로 재내원 시 진료가 끝났기 때문에 초진으로 산정한다.**
④ 만성 치주질환 치료 시 완치여부가 불분명하기 때문에 동일 부위 90일 이내 치료 시 재진이다.
⑤ 환자의 거동이 곤란하여 환자 가족이 내원해 약처방만 발급하는 경우에는 재진료의 50%를 산정한다.

해설

③ 치료 종결 후 30일 이내 동일 상병이 재발한 경우 재진이다.

13. 진찰료 산정기준이 다른 하나는 무엇인가?

① **교정 상담을 위해 내원한 경우**
② 미백 치료를 위해 내원한 환자가 치은염으로 인하여
　스케일링을 받고 간 경우
③ 심한 구내염으로 알보칠 도포를 하고 간 경우
④ 교정 치료 중 충치로 인하여 사랑니 발치를 진행한 경우
⑤ 치아를 상실하여 구강 검사만 받고 간 경우

✎ 해설

① 치아 교정은 비급여이므로 진찰료는 급여 산정 불가.

14. 교합조정에 적용할 상병명으로 적절하지 <u>않은</u>
하나는?

① k05.20 동이없는 잇몸기원의 치주 농양
② k07.4 상세불명의 부정교합 등
③ k07.2 치열궁 관계의 이상
④ s03.20 치아의 함입 또는 정출
⑤ **k07.60 턱관절 내장증**

✎ 해설

교합조정 상병명	
K05.3~	만성 치주염
K07.2~	치열궁 관계의 이상
K07.3~	치아의 위치 이상
S03.20	치아의 아탈구
S03.21	치아의 함입 또는 정출

15. 치수절단에 적용할 상병명으로 적절하지 <u>않은</u>
하나는?

① k02.5 치수 노출이 있는 우식
② k04.2 치수의 변성
③ k04.4 가역적치수염
④ **k04.6 동이있는 근단주위농양**
⑤ k02.2 백악질 우식증

✎ 해설

치수 절단은 머리 부위만 신경치료를 하는 것으로
근단 농양 상병은 적절하지 않다.

치수 절단의 상병명	
K02.2	백악질 우식증
K02.8	기타 치아 우식
K04.4	가역적 치수염
K04.10	비가역적 치수염

16. 지각과민처치에 적용할 상병명으로 적절하지
<u>않은</u> 것을 고르시오.

① k03.8 민감성 상아질
② k03.10 치아의 치약 마모
③ k6.00 국소적 치은퇴축
④ k03.11 치아의 습관성 마모
⑤ **s02.53 치수침범이 없는 치관 파절**

✎ 해설

파절이 되면 시릴 수 있겠으나
적절한 지각과민처치의 상병명은 아니다.

지각과민처치의 상병명	
K03.10	치아의 치약 마모
K03.18	기타 명시된 치아의 마모
K03.80	민감 상아질
K06.00	국소적 치은 퇴축

17. 치은절제술에 적용할 상병명으로 적절하지 <u>않은</u> 것은?

① k02.2 시멘트질의 우식
② k05.11 증식성 만성 치은염
③ k05.30 만성 단순치주염
④ k6.10 치은섬유종증
⑤ k06.18 기타 명시된 치은 비대

✎ 해설

치은 절제술은 치주질환으로 인하여 잇몸이 비대되어 치주 처치 이후 산정하는 것이 일반적이다.
치관확장술 상병명과 헷갈리지 않도록 한다.

치은절제술 (K05~ 치주 상병)	
K05.11	증식성 만성 치은염
K05.30	만성 단순 치주염
K05.31	만성 복합 치주염
K06.10	치은섬유종증
K06.18	기타 명시된 치은 비대
치관확장술 (K02~ 우식 , K04~ 근관치료)★★★	
1) 우식원인 K02.2	시멘트질의 우식
K02.8	기타 치아우식
2) 근관치료 원인 K04.0~	치수염

18. 다음 지문은 어떤 행위를 설명하였다. 해당하는 술식은 무엇인가?

> c.c 앞니가 부러졌어요. 덜렁덜렁 거려요
>
> tx : #13 periapical 1매,
>   infilt inject
>   lidocaine 1 ample
>   root fracture remove
>   ao, pe, ce, cs 시행함
>
> NEXT : #13 ci

① 보통처치   **② 치아파절편제거**
③ 응급근관처치   ④ 치수절단술
⑤ 치근분리술

✎ 해설

root fracture remove = 치아 파절편제거이다.
치아 뿌리 조각을 제거 후 근관치료 하였다.
치아파절편제거 + 근관치료 = 100 : 100

19. 다음 행위를 진행하였을 때 해당하는 술식은?

> c.c 치아가 꺼끌거려요.
>
> tx : #46 occlusal fracture
>   grinding 시행
>
> NEXT : #46 증상 없으면 그냥 쓰시기로

① 충전물연마   **② 보통처치**
③ 기본진찰료   ④ 교합조정
⑤ 충전

✎ 해설

치아 경조직을 다듬은 것은 보통처치이다.

20. 근관치료 후 임상적인 치관 길이가 짧아 보철 제작이 힘들 경우 치은의 일부를 제거하여 치관 길이를 연장할 수 있다. 이 행위는 무엇인가?

① **치관확장술 가. 치은절제술**
② 치은박리소파술
③ 치은절제술
④ 치은판절제술
⑤ 치은신부착술

 해설

치관 길이를 연장하는 행위는 치관확장술이다.

21. 다음 중 두가지 진료를 동시에 시행하였을 때 적절한 횟수를 고르시오.

#33 전치 발치	(가)회
#33 치조골 성형술	(니)회

	가	나
①	0회	1회
②	1회	0회
③	**0.5회**	**1회**
④	1회	0.5회
⑤	1회	1회

 해설

발치 < 치조골 성형술 < 난발치

22. 고길동씨는 넘어지면서 #21 치아가 아탈구된 채로 치과를 방문하였습니다.

이때 치아를 제자리에 원위치 시킨 다음 wire를 사용 고정, 교합지를 사용하여 교합조정까지 시행하였는데요. 이때 청구 횟수가 알맞은 것은?

① 탈구치아정복술 1회 잠간고정술 1회 교합조정 0회
② **탈구치아정복술 1회 잠간고정술 1회 교합조정 0.5회**
③ 탈구치아정복술 1회 잠간고정술 1회 교합조정 1회
④ 탈구치아정복술 1회 잠간고정술 0.5회 교합조정 1회
⑤ 탈구치아성복술 0회 잠간고정술 1회 교합조정 1회

해설

잠간고정술과 교합조정을 동시에 시행할 경우 주된처치 100 제 2처치 50입니다.

23. 마취 산정기준으로 옳은 것은?

c.c 오른쪽 위에 어금니가 아파요

tx : #17 periapical 1매,
　　도포마취제 도포 후 infilt inject
　　lidocaine 1 ample
　　신경 제거 중 통증 호소하여
　　block inject 시행함 lidocaine 1 ample
　　5분 기다렸다가 치료 하였으나
　　염증 상태 심하여 치수강 직접 마취 시행
　　lidocaine 1 ample

NEXT : #16 ce,ci

① 침윤마취 3ample
② 침윤마취 + 치주인대 마취 3 ample
③ **후상치조전달마취 3ample**
④ 침윤 마취 + 후상치조전달마취 3 ample
⑤ 후상치조전달마취 + 도포 마취 3 ample

해설

주된 부위 2가지 이상 마취 시행 시 주된 마취만 이때 사용한 앰플수는 각각 산정합니다.

24. 다음중 마취 산정횟수가 다른 하나는?

① #13 침윤마취 #24 침윤마취
② #16 침윤마취 #46 전달마취
③ #55 침윤마취 #75 침윤마취
④ **#14 침윤마취 #17 전달마취**
⑤ #13 침윤마취 #33 침윤마취

✎ 해설

침윤마취의 산정기준은 1/3악당
전달마취의 산정기준은 1/2악당이다.
④의 경우 동일 부위라 전달마취만 산정한다.

25. 다음 중 약 처방을 비급여로 해야 하는 경우는?

① 교정 치료 중 사랑니 치관주위염으로 발치 후 약처방
② #46 보험 임플란트 후 시행하는 약처방
③ **구내염으로 인한 헥사메딘 250ml 처방**
④ 상악동염으로 인한 약처방
⑤ 비급여 임플란트 도중 발생한 만성 치주염으로 약처방

✎ 해설

헥사메딘은 100ml까지 보험 적용된다.

26. 처방전 재발급 시 산정기준으로 옳지 <u>않은</u> 것은?

① 처방전 사용기간 이내에 처방전을 분실하였을 경우
   이전 약과 동일하게 처방할 경우 진찰료를 산정할 수 없다.
② 이때 재발급한 교부번호는 이전 것을 그대로 사용한다.
③ 사용기간 경과 후 재발급 시 이전 약과 동일하게
   처방할 경우 진찰료 일부를 본인 부담한다.
④ 환자의 처방 및 조제 등에 소용되는 비용은 외래관리료다.
⑤ **약 처방에 문제가 있을 경우 기본 진찰료가 조정된다.**

✎ 해설

⑤ 약 처방에 문제가 있을 경우 외래관리료가 조정

27. 다음 중 파노라마 산정기준 설명으로 옳은 것은?

① 부분적인 치주질환 상태 관찰을 위한 경우
② 임플란트 정기검진 목적으로 촬영하는 경우
③ 치아 맹출 여부 확인을 위한 경우 연령은 상관없다.
④ **매복치의 위치, 형태,매복 정도 확인을 위한 경우**
⑤ 파노라마 촬영 일반과 특수를 동시에 시행한 경우
   1가지만 산정 가능하다.

✎ 해설

① 전체적인 치주질환
② 임플란트 정기검진 목적은 급여 적용기준이 아니다.
③ 평균 맹출 연령을 초과하였을 때 산정
⑤ 파노라마 일반 + 특수 각각 100% 산정

28. 다음 중 ct 산정기준 설명으로 옳지 <u>않은</u> 것은?

① 통상적인 근관 치료 시 비정상적으로 계속적인 동통을
   호소하는 경우
② 치근단 절제 또는 치아 재식술을 요하는 경우로써 해부
   학적으로 위험한 상태
③ **제3대구치의 경우 완전 매복치만 인정 가능하다.**
④ cone beam ct는 방사선일반영상으로는 진단이 불확실
   한 경우에 한하여 요양급여를 인정한다.
⑤ 매복치의 경우 3차원 ct 일반으로 인정한다.

✎ 해설

③ 완전 매복치발치술과 관련된 경우 인정
   제3대구치의 경우 발치의 위험도가 높은 경우

29. 다음 중 치근단이나 파노라마 촬영을 반드시 동반하여야하는 진료로 바르게 묶인 것은?

가. 치은판절제술	나. 난발치
다. 매복치발치	라. 의도적치아재식술
마. 근관세척	

① 가, 마   ② 나, 다
③ **다, 라**   ④ 나, 라
⑤ 나, 마

✎ 해설

매복치 발치와 의도적치아재식술은
반드시 x – ray를 동반하여야한다.

통상적으로 난발치의 경우 x – ray가 없으면 단순발치로
심사조정될 수 있다.

30. #14x12xxx23 보철물 제거 횟수로 알맞은 것은?

① 1회　　　　　② 2회
③ 3회　　　　　④ 4회
⑤ 5회

✎ 해설

연속된 pontic은 1회
지대치는 숫자대로 산정한다.

31. 다음 중 치아 파절편 제거에 대한 설명으로 옳지 않은 것은?

① 치아의 파절된 일부를 제거하는 경우 산정한다.
② 마취료는 별도 산정 가능하다.
③ 1치당 산정한다.
④ **남은 치아에 대하여 근관치료를 시행한 경우 주된 처치 100 제 2처치 50으로 산정한다.**
⑤ 치아파절편제거와 발치를 동시 시행 시 발치만 산정한다.

✎ 해설

남은 치아에 대해 근관치료를 시행한 경우
각각 100%로 산정 가능하다.

32. #24 GI Cervical 부위 즉일충전처치 후 1개월 이내재료의 일부가 탈락되었다. 재충전 시 설명으로 옳지 않은 것은?

① 진찰료는 재진으로 산정한다.
② 기존 gi 재료 제거 시 수복물제거료는 간단으로 산정한다.
③ **즉일충전처치료와 충전료는 각각 100%로 산정 가능하다.**
④ 사용한 재료대 100% 산정 가능하다.
⑤ 마취는 별도 산정 가능하다.

✎ 해설

즉일충전처치 치료 종결 후 30일 이내에는
"충전"으로 산정한다.
이때 충전료와 와동형성료는 각각 50% 산정할 수 있고
재료대는 100% 산정 가능하다.

33. 다음 중 러버댐을 산정할 수 없는 진료 행위는?

① 즉일충전처치　　　② 치수절단
③ 발수　　　　　　　④ **광중합형복합레진**
⑤ 당일발수근충

✎ 해설

러버댐 별도 산정 불가 항목
보통처치, 치아진정처치, 치수복조, 응급근관처치
광중합형 복합레진, 치면열구전색

34. 다음 중 충전물연마에 대한 설명으로 옳지 않은 것은?

① 1치당 산정한다.
② 아말감 충전 후 연마 시 익일 산정 가능하다.
③ 비급여 재료로 충전 후 시행한 충전물 연마는 산정 불가하다.
④ 초진에 타 치과에서 충전한 부위 연마만 시행한 경우 반드시 내역설명을 기재한다.
⑤ **광중합형복합레진충전 당일 혹은 다른 날 내원하여 충전물 연마를 시행한 경우 충전물 연마 산정 가능하다.**

✎ 해설

광중합형복합레진 후 시행하는 충전물 연마는
소정점수에 포함이 되어 별도 산정 불가하다.

35. 다음 중 교합조정에 대한 설명으로 옳지 <u>않은</u> 것은?

① 1치당 산정한다.
② 교합지를 반드시 사용하여야 한다.
③ 1일 4치까지 산정한다.
④ 동일 부위 치석제거 및 치주치료와 동시 시행한 경우 각각 100% 산정 가능하다.
⑤ **치아 탈구에 잠간 고정술과 교합조정술을 동시에 시행한 경우 각각 100% 산정한다.**

✎ 해설

잠간고정술 + 교합조정술 동시 시행하는 경우
잠간고정술 100, 교합조정 50으로 산정한다.

36. 보험 틀니에 대한 설명으로 옳지 <u>않은</u> 것은?

① 각각의 진찰료는 산정할 수 없다.
② **1단계와 동시에 시행한 파노라마는 별도 산정 가능하다.**
③ 단계별 중복산정이 가능하다.
④ K08.1 사고,추출 또는 국한성 치주병에 의한 치아상실 상병명을 적용한다.
⑤ 보험 부분틀니 등록 후 7년이 되지 않았어도 보험 완전틀니 등록이 가능하다.

✎ 해설

진단 및 치료계획에 포함되어 파노라마 별도 산정 불가

37. 다음 중 치수절단의 산정기준으로 옳지 <u>않은</u> 것은?

① 1치당 산정한다.
② **치수절단 후 충전은 충전으로 산정한다.**
③ 러버댐 사용 시 별도 산정 가능하다.
④ 치수절단 후 보통처치는 2-3회정도 산정한다.
⑤ 이때 사용한 F.C 약제는 별도 산정 불가이다.

✎ 해설

치수절단과 충전 동시 시행 시 각각 100% 산정 가능

38. 다음 중 전기치수반응검사의 산정기준으로 옳지 <u>않은</u> 것은?

① 장비 신고 후 산정 가능하다.
② 전기 저항을 이용하여 치수 실활 여부 및 생활력을 파악하는 검사이다.
③ **1치당 산정한다.**
④ 외상으로 치수의 염증이 의심될 때 산정할 수 있다.
⑤ 치아 파절로 치수의 생활력이 의심될 때 산정한다.

✎ 해설

1구강당 1회 산정이므로 당일 다수 치아에 시행하여도
소정점수만 인정된다.

39. 당일발수근충에 대한 설명으로 옳지 <u>않은</u> 것은?

① 1근관당 산정한다.
② 유치와 영구치 모두 산정 가능하다.
③ 원칙적으로 X-RAY 촬영이 동반되어야 한다.
④ **Barbed-Broach와 File 또는 Ni-Ti File은 진료행위에 포함되어 별도 산정 불가이다.**
⑤ 실활치, 생활치 모두 산정 가능하다.

✎ 해설

발수 당일 모든 근관치료 과정을 시행하는 것이다.
사용한 재료대는 별도 산정 가능하다.

40. 다음 중 산정단위가 다른 하나는 무엇인가?

① 응급근관처치   ② Ni-Ti File
③ 치수절단   ④ **당일발수근충**
⑤ 치수복조

✎ 해설

①, ②, ③, ⑤ 1치당
④ 1근관당 산정한다.

41. 구강외과 진료에 대한 설명으로 옳은 것은?

① 유치 발치는 난발치 산정 불가이다.
② 발치와재소파술은 정해진 산정 횟수가 없다.
③ 치조골성형술은 1구강당 1회로 산정한다.
④ **구강내열상봉합술에 사용한 봉합사는 별도 산정 가능이다.**
⑤ 치아재식술과 함께 실시한 근관치료는 진료행위에 포함
　되어 별도 산정 불가이다.

✎ 해설

　① 유치 발치도 치근 분리 시 난발치 산정 가능하다.
　② 발치와재소파술은 일반적으로 1회만 산정한다.
　③ 치조골성형술은 1치당 산정한다.
　⑤ 치아재식술과 함께 실시한 근관치료 및 고정술
　　비용은 별도 산정 가능하다.

42. 부분적으로 맹출된 사랑니 주변 잇몸 염증으로
치관 부위를 덮고있는 치은 조직을 제거했을 때
이 술식의 행위는 무엇인가?

① 치은절제술　　　　② **치은판절제술**
③ 치관확장술　　　　④ 치아재식술
⑤ 자가치아이식술

43. 치근단절제술에 대한 설명으로 옳지 <u>않은</u> 것은?

① 1치당 산정한다.
② **전치와 구치로 별도 구분하지 않는다.**
③ 유치에는 산정 불가하다.
④ x-ray 촬영이 병행되어야한다.
⑤ 시술 시 행하는 치근단 폐쇄비용은 별도 산정 불가하다.

✎ 해설

　가. 전치
　나. 구치
　별도 구분하여 청구한다.

44. 다음 진료행위에 대한 설명으로 옳지 <u>않은</u> 것은?

> 발치 후 잔존 치조골이 너무 뾰족하게 형성되는 경우
> 예리한 골편을 제거하고 성형하는 술식이다.

① 1치당 산정한다.
② 무치악에도 산정할 수 있다.
③ 발치와 동시 시행하는 경우 주된 처치 100%
　제 2처치 50%로 산정한다.
④ **치은박리소파술(복잡)과 동시 시행한 경우**
　주된 처치 100% 제 2처치 50%로 산정한다.
⑤ 시술 시 사용하는 봉합사는 별도 산정 가능하다.

✎ 해설

　치은박리소파술과 동시 시행한 경우
　주된 처치에 포함되어 별도 산정 불가이다.

45. 다음 중 치은판절제술 산정 기준으로 옳지 <u>않은</u>
것은?

① **1치당으로 산정한다.**
② 발치와 치은판절제술을 동시에 시행한 경우
　발치만 인정된다.
③ 부분 맹출된 치아에 치은판 절제술을 시행하고
　치면열구전색 시행 시 각각 100% 산정 가능하다.
④ 후처치는 수술후처치 가. 로 산정한다.
⑤ 시술 시 사용하는 봉합사는 별도 산정 불가하다.

✎ 해설

　치은판절제술은 치아 수 불문하고 소정금액만 산정

46. 다음 중 구강내소염술에 대한 설명으로 옳지 않은 것은?

① 발치와 동시 시행 시 발치만 산정한다.
② 절개 없이 시행한 구강내소염술은 기본진찰료이다.
③ **재시행하는 경우 일반적으로 1회만 인정한다.**
④ 일률적으로 후처치가 없는 경우 심사조정 될 수있다.
⑤ 사용하는 봉합사는 별도 산정 가능하다.

✎ 해설

구강내소염술은 기간 상관없이 100% 재산정 가능하다.

47. 치석제거 가. 1/3악당에 대한 설명으로 옳지 않은 것은?

① 1/3악 중 1-2개 치아 시행시 50% 산정 가능하다.
② 치주질환에 실시하는 부분치석제거인 경우 산정한다.
③ **동일부위 치석제거와 교합조정술을 동시에 시행한 경우 주된 처치 100% 제 2처치 50%로 산정한다.**
④ 3개월 이내 재시행시 후처치만 산정한다.
⑤ 다음번 치주치료가 동반되지 않은 경우 내역설명은 필수이다.

✎ 해설

치석제거 + 교합조정 = 100 : 100이다.

48. 다음 중 봉합사 산정이 불가능한 행위는?

① 치은절제술　　　② **치근단절제술**
③ 협순소대성형술　　④ 치은성형술
⑤ 치은박리소파술 (간단)

✎ 해설

치근단절제술은 봉합사 산정 불가하다.
그 외 치아 재식술, 발치 등이 산정 불가 항목이다.

49. 치주치료에 대한 설명으로 옳은 것은?

① 1-2개 치아 치주낭측정검사 시 100% 산정한다.
② 치주소파술은 급성 상병으로 산정 가능하다.
③ 치은박리소파술 시 사용한 bur는 별도 산정 가능하다.
④ **치관확장술은 치석제거 등의 전처치 없어도 산정 가능하다.**
⑤ 잠간고정술 후 시행한 후처치는 치주치료후처치 가. 다.

✎ 해설

① 1-2개 치아 치주낭측정검사 시 50%로 산정한다.
② 치주소파술은 만성 상병으로 산정 가능하다.
③ 치은박리소파술 시 사용한 bur는 별도 산정 불가하다.
⑤ 잠간고정술 후 시행한 후처치는 원인이 되는 처치의 후처치로 산정한다.

50. 다음 중 보험 임플란트 산정기준으로 옳은 것은?

① 임플란트 골유착 실패로 재수술 시 재료대만 산정 가능하다.
② 보철은 pfm만 인정한다.
③ 보철 장착 후 유지관리는 3개월간 6회까지이다.
④ 일체형 식립재료로 시술할 경우 적용한다.
⑤ **총 3단계로 구성되며 1, 2, 3단계 각각 단계별 청구를 원칙으로 한다.**

✎ 해설

① 임플란트 골유착 실패로 재수술 시 재료대 100%, 2단계 행위료 50%로 산정 가능하다.
② 보철은 pfm와 zirconia 중에서 선택 가능하다.
③ 보철 장착 후 유지관리는 3개월간 무제한이다.
④ 분리형 식립재료로 시술할 경우 보험 적용한다.

2026 유튜버 씬디 전체무료강의 제공되는
치과보험청구사 3급 실무이론 + 실전모의고사 끝장대비서

발행일	초판 1쇄 발행일 2025년 4월 7일
	개정판 1쇄 발행일 2026년 2월 1일
발행처	인성재단(지식오름)
발행인	조순자
저자	씬디
디자인	김지원

※ 낙장이나 파본은 교환해 드립니다.
※ 이 책의 무단 전재 또는 복제행위는 저작권법 제136조에 의거하여 처벌을 받게 됩니다.

정 가 28,000원   ISBN 979-11-7491-083-7